Niels Fischer Demuth

Bangemachen gilt nicht

Eine Mut machende Wanderkarte
durch den Wald der Diagnosen

Sofern in diesem Buch Personenbezeichnungen in männlicher Form verwendet werden, sind mit diesen Personen jeglichen Geschlechts gemeint.

Dieses Buch ist in tiefer Liebe und Dankbarkeit meiner wundervollen Frau Natalie gewidmet, die all die Jahre hinter mir gestanden hat. Durch ihre Unterstützung und ihren Rückhalt hatte ich die Möglichkeit, mich persönlich und beruflich zu entwickeln. Sie trägt zu einem großen Teil dazu bei, dass dieses Buch entstanden ist.

Vielen Dank, mein Schatz!
Dein Nielsen

Gesundheit und Krankheit
stehen sich nicht wie Tag und Nacht gegenüber, vielmehr handelt
es sich um eine Verzahnung von Ereignissen.
Es sind diese Ereignisse,
die uns zu dem machen,
wer wir sind.

Der Autor

Niels Fischer Demuth hat sich in seiner praktischen Arbeit als FOI-Therapeut und Physiotherapeut auf chronische Wirbelsäulen- und Gelenkerkrankungen spezialisiert. Neben seiner praktischen Arbeit in der Praxis ist er seit 2008 als Dozent für das Ausbildungsinstitut für Funktionelle Orthonomie und Integration FOI tätig. Ferner hat er drei erfolgreiche Praxen aufgebaut und unterstützt Therapeuten und Therapeutinnen beim Aufbau ihrer Praxis.
Niels Fischer Demuth wurde 1974 in Deutschland geboren und lebt seit 2007 mit seiner Frau und seinen zwei Kindern in Binningen bei Basel in der Schweiz.

Das sagen die Kollegen

Lara Schuhrr, Ergotherapeutin und FOI-Therapeutin aus Basel:
Wissen nimmt Schrecken, erlöst aus der Lähmung und der Unfähigkeit zu handeln! Herzlichen Glückwunsch lieber Niels, mit diesem Leitfaden ist es dir gelungen eine Brücke zu schlagen, eine Brücke von unschätzbarem Wert für alle Menschen, die verstehen wollen, was sie haben, die Ursachen erkennen und Lösungen für ihr Problem finden wollen. In einfacher, verständlicher Sprache hast du es geschafft, das Ursache-Wirkungs-Prinzip vieler verschiedener Beschwerden aufzuzeigen und hilfst dem Leser dabei, aus der Hilflosigkeit und der Passivität wieder hoffnungsvoll aktiv zu werden! Chapeau! Mein lieber Freund, ich danke dir von ganzem Herzen, auch im Namen meiner Patienten, für deine sensationell wertvolle Arbeit!

Axel Berg, Heilpraktiker für Physiotherapie
"Bangemachen gilt nicht" ist ein wunderbares Buch für Menschen und Patienten, die kein medizinisches Wissen besitzen.
Wie oft sagen mir Patienten, die in meine Praxis kommen, währenddem wir eine Anamnese und ein aufklärendes Gespräch über die Beschwerden machen, das hat mir aber noch keiner so gesagt. Jetzt verstehe ich es endlich. Das klingt alles so logisch.
Niels ist es mit diesem Buch gelungen, genau das zu erreichen. Er beschreibt die am häufigsten vorkommenden Wirbelsäulen- und Gelenkserkrankungen auf eine so einzigartige Weise, das jeder versteht, was er für eine Diagnose hat.
Wenn jeder verstanden hat, was mit ihm los ist, erst dann ist man in der Lage selber zu entscheiden, wie die Therapie sein soll. Das ist ein unglaublicher Gewinn, weil man einen Leidensweg vermeiden kann, den viele Patienten immer und immer wieder gehen.

Deshalb ist das Buch "Bangemachen gilt nicht" ein so imminent wichtiges Buch, das jeder Mensch in seinem Bücherregal haben sollte.

Mein größter Respekt gilt Niels, der sich die Zeit genommen hat, dieses Buch zu schreiben. Seine Motivation war es, den Menschen damit zu helfen.

Danke Niels, du bist wirklich ein besonderer Mensch.

Inhaltsverzeichnis

Geleitwort

Bangemachen gilt nicht!
In Zeiten modernster Diagnostik und chirurgischer Interventionen wird es für Patienten immer schwieriger, den Überblick über therapeutische Möglichkeiten bei den verschiedensten Diagnosen zu bewahren. Das Problem fängt ja heute schon bei der Diagnose an. Der Patient ist in der Regel ohne medizinisches Vorwissen gar nicht in der Lage, die Diagnose zu verstehen und Zusammenhänge zwischen Ursache und Folgen zu erfassen. Auch über die ärztlichen und therapeutischen Therapieansätze wird der Patient häufig nur ungenügend oder auch nur sehr einseitig aufgeklärt. Zudem besteht natürlich auch in der heutigen Medizin die Gewinnerzielungsabsicht mit nicht immer idealen und für den Patienten passenden Therapien.
Dieses Buch bietet jedem Patienten mit Beschwerden und Schmerzzuständen am Bewegungsapparat einen einfach verständlichen Leitfaden. Es zeigt einen genialen Weg auf, seine Diagnose zu verstehen und er findet darüber hinaus auch noch leicht verständliche Ansätze zur Lösung der Probleme.
Es ist meinem Freund Niels Fischer in einfacher Weise gelungen, ein schwieriges Thema in eine verständliche Patientensprache zu übersetzen und dem Patienten tolle Hilfen für die Lösung seiner Schmerzen und Probleme zu geben.
Ein absolut lesenswertes Werk, das in keinem Haushalt fehlen sollte.

Friedhelm Becker

Leiter und Mitinhaber des Internationalen Ausbildungsinstituts für Funktionelle Orthonomie und Integration

Patientenstimmen

Christina S.:

Durch den Motorsport hatte ich in der Vergangenheit mehrere Schleudertraumata und leide seit meiner Kindheit an Migräne. Seit mehreren Jahren bin ich Patientin von Niels und merke einfach, dass es mir deutlich besser geht, wenn ich mich regelmäßig von ihm behandeln lasse. Selbst in der Schwangerschaft war er mir eine große Hilfe.

Marianne S.:

Kompetenzzentrum FOI:
Nach vier Wirbelsäulenoperationen innerhalb von zwei Jahren, zwei an der Lendenwirbelsäule und zwei an der Halswirbelsäule, hatte ich die Befürchtung, nie mehr richtig gehen zu können. In ganz kleinen Schritten ging es besser, bis ich die Adresse von Herrn Niels Fischer erhielt und dachte, das probiere ich aus. Was ich mir nie hätte träumen lassen, ist eingetroffen. Die Schmerzen sind massiv besser geworden und meine Lebensqualität hat sich auf eine Art verändert, an die ich kaum noch glaubte. DANKE für die wunderbare Behandlung.

Roland H.:

Nach einer halbjährigen Physiotherapie und einer Cortisonspritze haben meine Schmerzen im Rücken abgenommen. Doch das Kribbeln im rechten Bein war permanent da. Es wurde mir zu einer Rückenoperation geraten. Mit dieser Ausgangslage bin ich zur FOI gekommen. Bereits nach der zweiten Behandlung hat das Kribbeln im rechten Bein massiv abgenommen. Nach der vierten Behandlung ist das Kribbeln verschwunden. Ich kann das FOI-Team in Basel mit seiner Methode bestens empfehlen. Danke für die Hilfe.

Liebe Patientin, lieber Patient, lieber Mensch im Mittelpunkt!

Das Buch, das Sie in Ihren Händen halten, wurde für Sie geschrieben und es ist kein Zufall, dass Sie es jetzt lesen.

Dieses Buch ist weder ein Ratgeber, wie man sich »Das große Buch der Diagnosen« oder ein ähnliches imaginäres oder reales Buch vorstellen kann, noch ist es ein Selbsthilfewerk oder ein medizinisches Lexikon, das Vollständigkeit verspricht und die ultimative Antwort liefert.

Es soll ein Stück Aufklärungsarbeit leisten. Es trägt sich mit dem Anspruch, Sie, den Menschen, um den es in der Therapie geht, wieder in den Mittelpunkt zu stellen und Ihnen einige Möglichkeiten und Alternativen aufzuzeigen, wie Sie Ihre Beschwerden in den Griff bekommen oder zumindest lernen können, besser mit ihnen umzugehen.

In unserer täglichen Praxis sind wir immer auf der Suche. Auf der Suche nach dem Schalter, der Ursache, warum Schmerzen entstehen oder Bewegungen nur noch erschwert möglich sind. In Zeiten eines boomenden Therapiemarktes, neuen Verfahren, Operationstechniken und erweiterter, bildgebender Diagnostik entsteht mehr und mehr ein Wald, in dem man weder die ausgewachsenen Bäume wahrnimmt, geschweige denn die heranwachsenden sieht.

Der Dialog zwischen Arzt und Therapeut ist nicht immer optimal. Dadurch entstehen teilweise Missverständnisse und unterschiedliche Behandlungsansätze und Empfehlungen.

Die Versicherungen sehen sich einem Kostenberg gegenüber, den auch sie versuchen wollen und müssen, in den Griff zu bekommen. Dies hat wiederum einen großen Einfluss auf Sie, auf Ihren Behandlungsverlauf und auf Ihre behandelnde Therapiepraxis. Jeder meint es gut und will das Beste für seine Patienten, nur oft bleibt bei dem ganzen Spiel des guten Willens ein Mensch auf der Strecke: Sie, der Patient. Sie sind nicht nur Patient, sondern auch der beste Therapeut und Sie wissen, wenn auch oftmals nicht bewusst, was das Beste für Sie und Ihre Gesundheit ist.

In meiner Praxis sehe ich sehr häufig, dass die Patienten oftmals schlichtweg überfordert sind. Sie werden von Diagnosen in unverständlicher Sprache, gut gemeinten Ratschlägen und einer Informationsflut aus dem Internet überflutet. Dies soll einem verraten, was das alles sein kann, wenn es im Rücken zwickt und im Bein schmerzt und die Schulter ohne scheinbaren Auslöser weh tut.

Wenn Sie ein direktes Trauma hatten, sich den Fuß oder den Arm gebrochen haben, dann wissen Sie, was passiert ist und auch warum es weh tut.

Die meisten Menschen können das jedoch nicht ganz klar sagen. Sie merken nur, dass etwas nicht stimmt, schmerzt oder sie plötzlich ohne »erkennbaren Grund und Auslöser« ein Bandscheibenvorfall quält.

Wie ich anfangs erwähnt habe, erachte ich es als wichtig, den Menschen in den Mittelpunkt zu stellen und in den Prozess seiner Genesung so einzubeziehen, dass er auch versteht, was er hat und warum es möglicherweise zu seinen Beschwerden kommt.

Der Schritt zu mehr Aufklärung, Wertschätzung und Annahme des Patienten ist essenziell, wenn das Gesundheitssystem und vor allem der Mensch wieder ganzheitlich gesund werden soll.

Somit möchte ich Sie auf den folgenden Seiten einladen, ohne Fachchinesisch und den Anspruch auf Vollständigkeit mehr über die gängigsten, den Bewegungsapparat betreffenden Diagnosen und den alternativen Möglichkeiten zur Betrachtung zu erfahren.

Vielen Dank für Ihre Zeit und Ihr Vertrauen

Niels Fischer

Die Zwickmühle

Mein Großvater sagte einst: "Erst läufst du mit deiner Gesundheit dem Geld hinterher, später, wenn du älter wirst, mit deinem Geld der Gesundheit."

Diesen Satz habe ich nie vergessen. Er beschreibt die Entwicklung im Gesundheitssystem ziemlich treffend. Man arbeitet sein ganzes Leben, zahlt fleißig in die Krankenkassen und Zusatzversicherungen ein und hofft dabei inständig, sie eigentlich nie in Anspruch nehmen zu müssen. Eigentlich paradox, oder?
Die Pharmakonzerne und die Medien schüren Ängste. Was einem alles im Leben passieren kann und welche Vorsorgen, Impfungen, Salben und Tabletten man nehmen soll, um schnell wieder gesund oder am besten gar nicht erst krank zu werden. Sofern das für sie wirklich von Interesse ist. Und wenn beispielsweise ein Psychopharmaka auf den Markt kommt, für das eigentlich kein gewinnbringender Markt da ist, dann muss halt eine entsprechende Krankheit oder ein Syndrom her, wie im Fall des Medikamentes, das anpreist, ADHS bändigen zu können.

Die Pharmaindustrie soll hier aber nicht das Thema sein, wer sich diesbezüglich informieren möchte, dem empfehle ich das Buch »Nocebo – Wer's glaubt wird krank: Wie man trotz Gentests, Beipackzetteln und Röntgenbildern gesund bleibt«.

Ich möchte nur aufzeigen, dass oftmals viel Angst suggeriert und diese durch das Internet und die Medien verbreitet wird. Neulich nannte ein bekannter Arzt den Begriff Morbus Google (Morbus bedeutet Krankheit und Google ist eine Internet- Suchmaschine). Ich musste schmunzeln, fand den Begriff irgendwie griffig, doch lustig, wie er mir zu Beginn erschien, war er eigentlich nicht, ganz im Gegenteil.

Wir erleben in unseren Praxen immer wieder, dass Patienten mit Beschwerden sich stundenlang im Internet informieren, was es alles sein könnte, was da ihren Symptomen ähnelt und letzten Endes so mit einer Diagnosevorstellung leben, die ihnen zu Recht Angst macht. Dies kann in manchen Fällen sogar dazu führen, wie bei einem Patienten mittleren Alters, der aufgrund dessen, was er gelesen hatte, sich erst gar nicht traute, zu einem Arzt oder Therapeuten zu gehen. Aus Angst, dass er nach der empfohlenen Operation vielleicht seine Beine nicht mehr bewegen könnte, wie es bei einem Patienten mit »ähnlichen« Symptomen auftrat, zögerte der Patient es dermaßen lange hinaus, Hilfe zu suchen, bis letzten Endes nur noch eine OP half, um die Beschwerden teilweise wieder in den Griff zu bekommen. Informiert sein ist gut und wichtig, nur ist es ebenso wichtig, objektiv zu bleiben und, bevor man gar nichts tut, lieber eine Zweit- oder Drittmeinung einzuholen, anstatt nur abzuwarten.

Wie ich einleitend beschrieben habe, möchte ich mit diesem Buch nicht Google, Wikipedia und andere ersetzen, noch möchte ich, dass das was ich im Folgenden schreibe als »genauso ist es« angesehen wird. Ich möchte Ihnen vielmehr eine andere Sichtweise betreffend Ihrer möglichen Beschwerden aufzeigen, Mut machen nach einem Lösungsansatz zu suchen, der für SIE stimmt.
Es geht in der Therapie nicht um den Arzt oder den Therapeuten, sondern es geht um Sie.

Wie kann man das erreichen? Wie schafft man es, in einem eingefahrenen System den Menschen, um den es geht, wieder in den Mittelpunkt zu stellen? Sodass, wenn man schon mit seinem Geld der Gesundheit hinterherläuft, dies auch zielgerichtet tut und es am Ende auch einen ehrlichen Mehrwert ergibt. Und der sollte für beide Seiten stimmen. Für den Patienten sollte Hilfe, Unterstützung und Gesundheit erreicht werden. Ein Patient, der die Praxis glücklich verlässt, stellt für den Arzt und/oder den Therapeuten beruflicher, ethischer Erfolg dar und das Honorar für seine geleistete Arbeit stimmt ihn zufrieden und milde. Wenn auf beiden Seiten ein entsprechender Mehrwert auftritt, ist das eine Win-win-Situation und die ist aus meiner Sicht erstrebenswert.

Arzt und Therapeut müssen zwangsläufig finanziell gesund sein, damit sie weiterhin gute Leistungen erbringen, sich fortbilden und ihr Leben glücklich führen können. Für mich ist es von größter Bedeutung, dass dies nach ethischen Grundsätzen und mit dem Ziel geschehen sollte, dem Menschen zu helfen und ihn nicht zu chronifizieren, indem man ihn des Geldes wegen in die medizinische Mühle einklemmt.

Eine Zwickmühle ist es in erster Linie für den Patienten, denn das Gefühl, krank zu sein, überwiegt dasjenige der Gesundheit und wir alle wissen, dass das, was sich im geistigen Fokus befindet, auch sprichwörtlich angezogen wird.

Für die Krankenversicherungen bedeutet das einen hohen finanziellen Aufwand, der wiederum zwangsläufig zu noch höheren Prämien für den Versicherten führt und vor allem dazu, dass Leistungen, die wirklich notwendig sind, vor allem bei chronischen Patienten, gekürzt werden. Für den Arzt und den Therapeuten ist dies auch nur ein kurzfristiger Erfolg. Dieser verdient mehr Geld, da seine Sprechstunde und Praxis mehr ausgelastet sind, doch was auf Dauer geschieht, ist zwangsläufig eine verminderte Erfolgsrate in der Therapie. Denn je länger der Genesungsprozess dauert oder wenn die Beschwerden nach einer Operation, die gegebenenfalls hätte vermieden werden können, noch bestehen, wirft das auch ein weniger gutes Licht auf den Behandler.

Dies klingt alles sehr provokativ und das ist auch beabsichtigt. Es geht mir primär um den ethischen Grundgedanken, gerade wenn man es mit Menschen zu tun hat, die einen aufgrund von Beschwerden aufsuchen. Ich möchte hiermit an Therapeuten appellieren. Ihnen als Patient hingegen möchte ich Mut machen, dass Zepter Ihrer

Behandlung wieder selbst in die Hand zu nehmen und das offene Gespräch mit Ihrem Behandler zu suchen. Schlussendlich ist es Ihr Körper und Ihre Gesundheit, über die nur Sie entscheiden sollten!

Weder nur schwarz noch nur weiß – Offenheit zur Individualität

Aus der Zwickmühle auszubrechen ist nicht ganz einfach, denn der Mensch ist keine Maschine und er funktioniert auch nicht immer nach Schema F. Ein Schwarz-Weiß-Denken ist schlichtweg nicht möglich, da die Individualität jedes einzelnen Menschen wieder in den Vordergrund treten muss.

Die Ansätze, die ich im Folgenden anspreche, sind aus der praktischen Arbeit und den Erfahrungen mit dem Konzept der FOI, der Funktionellen Orthonomie und Integration, entstanden. Ich muss beifügen, dass ich das Konzept in diesem Buch eher grundlegend veranschaulichen möchte und deshalb an dieser Stelle nicht zu tief auf das Behandlungskonzept eingehen werde. Ich werde zwischendurch immer wieder auf die FOI zu sprechen kommen, da diese Therapieform für mich und unsere Praxen, gerade im Bereich von Beschwerden am Bewegungsapparat, den Kern der Therapie und ein höchst effektives Handwerkszeug darstellt, um unsere Patienten ganzheitlich und effektiv zu betreuen.

Nähere Informationen über die FOI und wie auch Sie einen FOI-Therapeuten in Ihrer Nähe finden, erhalten Sie unter folgendem Link: www.funktionelle-integration.de.

Der Mensch ist ein Wunderwerk, ein faszinierendes Zusammenspiel von Knochen, Gelenken, Muskulatur, Sehnen, Bändern, Organen und vielem mehr. Der Spruch, dass Körper, Geist und Seele eine Einheit sind, fasst im Grunde schon alles zusammen und veranschaulicht außerdem, dass man das eine nicht vom anderen trennen kann.

Besteht auf geistiger, psychischer Ebene ein Mangel, eine Belastung, so wird sich dieses auch auf der körperlichen Ebene ausdrücken und dies ist auch umgekehrt der Fall. Denn bestehen körperliche Beschwerden über einen längeren Zeitraum und schränken diese das alltägliche Leben ein, so kann sich dies über das vegetative System (der Teil des Nervensystems, den wir nicht bewusst beeinflussen können) auf der psychischen Ebene zeigen und unter Umständen zu depressivem Verhalten führen.

Wie man es auch dreht und wendet, das Eine bedingt das Andere. Aus diesem Grund ist es meines Erachtens auch von größter Bedeutung, die Patienten im Hilfeprozess nicht zu chronifizieren, das heißt, sie nicht länger als notwendig an die Praxis oder die Therapie zu binden.

Damit dies nicht geschieht, ist es wichtig zu wissen, was man als Therapeut leisten kann und vor allem, was man nicht leisten kann, sprich, seine Grenzen zu erkennen, zu kennen und danach zu handeln!

Leben, ein Streben nach Balance

»Im Wald stehen gerade Bäume und auch krumme Bäume und auf allen wachsen Blätter.«

Axel Berg

Dies will in meiner Deutung sagen, dass die Natur nach Balance strebt, sie bemüht sich um ein Gleichgewicht.
Es geht nicht darum, dass jeder Mensch pfeilgerade durch die Weltgeschichte spaziert. Es geht vielmehr darum, dass er das in seiner individuellen Balance tut, so wie er in seinem Leben funktioniert und so wie er verwurzelt ist.

Der Mensch reagiert also auf ein entstandenes Problem immer ganzheitlich und baut ein sogenanntes Kompensationsverhalten auf. Das bedeutet, dass er immer versucht, eine Störung jedweder Art selbst auszugleichen, um die Balance wieder zu erlangen. Dies tut er zum Beispiel in der Wirbelsäule mit ganz systematischen Fehlstellungen (Blockierungen), die durch das Suchen des Gleichgewichts entstehen.
Funktionsstörungen und Schmerzen treten erst dann auf, wenn der Körper gewisse Grenzen des Kompensationsverhaltens überschreitet.

Das Ziel der Therapie sollte demnach sein, den Körper so ins Gleichgewicht zu bringen, dass er wieder gut kompensieren kann oder die Ursachen für die Kompensation durch die Therapie beseitigt sind, um so Schmerzen und Funktionsstörungen zu beseitigen. Wenn bei Ihrem Auto das Kontrolllicht für das Öl leuchtet, kleben Sie ja auch nicht einfach einen Aufkleber auf das glühende Lichtlein, sondern Sie füllen Öl nach.
Sie beseitigen die Ursache der blinkenden Kontrollleuchte, die besagt: »Bitte gib mir Öl!«. Aus diesem Grund sollte in der Therapie die

Wirbelsäule als zentrale Achse und Basis der Gesundheit immer der erste Ansatz in Befund und Behandlung sein, bevor man nur ein Pflaster auf den Schmerz klebt oder großflächig die »DaWo's-Therapie (für: Ich behandle »da, wo's« weh tut) anwendet, nämlich großflächig, wie bei einem Waldbrand, Schmerzmittel einschmiert, um seine Aktivitäten weiter auszuführen, wie es in einem bekannten Werbespot empfohlen wird.

Aus diesem Grund ist für den Therapeuten das Wissen um die Beziehung zwischen Struktur und Funktion von entscheidender Bedeutung. Das Wissen, dass sich die Struktur von Knochen, Gelenken, Muskeln, Sehnen- und Bandapparat und deren Funktion immer gegenseitig beeinflussen und gleichzeitig in einer engen Wechselwirkung stehen.

Die eingeschränkte Funktion des Gelenks und die damit verbundene schlechte Physiologie/Beweglichkeit, führen aufgrund von vermehrter Fehlbelastung zu Veränderungen an der Struktur. Folgen davon sind zum Beispiel Kalkablagerungen in den Sehnen und Gelenken und die Entstehung von Arthrose.

Ihr Therapeut ist ein Experte für Funktion und er sollte auch genau hier ansetzen. Er sollte versuchen, die gestörte Funktion so zu verbessern, dass unphysiologische, mechanische Kräfte behoben werden können, um der Struktur so die Möglichkeit zur Regeneration und zur Heilung zu geben.

Ihr Arzt hingegen ist der Spezialist und Experte für die Struktur und er sollte, den Bewegungsapparat betreffend, auf jeden Fall dann konsultiert werden, wenn der funktionelle Ansatz ihres Therapeuten nicht greift und die strukturellen Störungen überwiegen, sodass die Funktion immer wieder gestört wird. Dies sollte vor allem zum Schutz der anderen Gelenke geschehen, damit diese nicht auch in Mitleidenschaft gezogen werden.

Sie fragen sich jetzt sicherlich, wie man erkennt, wann es soweit ist, einen Arzt aufzusuchen, wenn im Vorfeld als Erstkontakt der Therapeut Ihres Vertrauens gewählt wurde und als Erstes nicht der Schritt in eine Arztpraxis erfolgte. Gute Frage!

Hier kommen wir wieder zum Punkt des Chronifizierens zurück. In unseren Praxen sagen wir unseren Patienten, dass, wenn wir die richtigen Therapeuten für Ihre Beschwerden sind, so werden wir nach rund vier Behandlungen ein Resultat, eine Veränderung erzielen. Sollte sich nach den vier Behandlungen hingegen nichts getan haben, so ist entweder unser Ansatz falsch oder strukturelle Faktoren wie beispielsweise eine zu starke Abnutzung eines Gelenks eine Ursache für die Stagnation. Diese Faktoren stehen in dem Fall im Vordergrund und dann sollte, bevor der therapeutische Blindflug weitergeht, ein Arzt, der sich auf das Beschwerdebild spezialisiert hat, aufgesucht werden. Ganz nach dem Motto:
Der Mensch im Mittelpunkt.
Wenn Sie als Patient entsprechend in der Situation sein sollten, dass Sie Beschwerden haben und bereits Therapie bis zum Sankt Nimmerleinstag gemacht haben, fragen Sie in Ihrer Therapiepraxis ruhig nach, wie die Alternative zu der bis jetzt durchgeführten Therapie aussieht.
Ihrem Therapeuten sollte dabei kein Zacken aus der Krone fallen, sondern er sollte Sie in den Vordergrund stellen und Ihnen mögliche Alternativen und/oder Kontakte seines Arzt- und Therapeutennetzwerks weitergeben oder besser noch, einen entsprechenden Kontakt für Sie herstellen und Informationen mit Ihrem Einverständnis an diesen weiterleiten.
Auf den folgenden Seiten werde ich Ihnen die gängigsten, den Bewegungsapparat betreffenden Krankheitsbilder, ihre Bedeutung für Sie als Patient und einen möglichen Ansatz für die Therapie näherbringen. Diese sind sicherlich nicht vollständig und vielleicht wird Ihr individuelles Problem nicht angesprochen. In diesem Fall erfahren Sie später, wie ich Sie trotzdem weiter unterstützen kann. Sie stehen auch in diesem Buch im Mittelpunkt der Geschichte!

Erkrankungen und gängige Diagnosen ohne Fachchinesisch

Wie ich zuvor erwähnt habe, ist dieses Buch kein medizinisches Lexikon oder das Buch der absoluten Wahrheiten.

Es ist mir ein Anliegen, dass Sie als Patient über das aufgeklärt sind, was Sie haben und vor allem auch verstehen, was Sie haben. Unsere Patienten kommen oftmals mit Aussagen wie folgenden zu uns: »Der Doktor sagt, ich habe eine PHS rechts.« Oder: »Ich habe ein Runner`s knee (Läuferknie), dabei war ich mein Lebtag noch nie joggen.« Es gibt eine ganze Liste von solchen Aussagen. Begrifflichkeiten, mit denen zum einen kein Mensch etwas anfangen kann und die zum anderen Diagnosen beschreiben, die ohne jegliche Aussagekraft sind. Es sagt praktisch nur aus, wo etwas weh tut. Aber warum es schmerzt und/oder warum das Gelenk bewegungseingeschränkt ist, wird nicht verraten.

Diagnosen sind oftmals nur eine Art Zustandsbeschreibung, die aussagen, wo das Problem liegt. Das kann man in der Regel jedoch selbst, indem man beispielsweise mit der linken Hand großflächig die rechte Schulter streichelnd sagt: »Mir tut die rechte Schulter weh und zwar irgendwo hier oben in diesem Bereich«. Viel mehr Wissenswertes sagt die Diagnose PHS oder Schulter-Arm-Syndrom rechts auch nicht aus. Außer, dass eine Diagnose gestellt, sprich, das Problem im Fachjargon benannt wurde und dies meist allein auf der Basis dessen, was der Patient erzählt, oftmals ohne die Schulter überhaupt untersucht zu haben! So haben Arzt und Patient aber wenigstens einen Begriff, auf den sie sich stützen können. Das habe ich mir leider nicht aus den Fingern gesogen, sondern das ist das, was uns Patienten so oder im übertragenen Sinne erzählen oder was wir von Kollegen immer wieder zu hören bekommen.

Eine Diagnose zu stellen ist für Mediziner, so scheint es, fast schon zur Königsdisziplin geworden. Und so ist es auch. Eine gute, profunde Diagnose zu stellen, ist oft nicht einfach und es bedarf dafür auch mehr Zeit, als Sie in der Regel beim Arzt in der Sprechstunde zur Verfügung haben, da zwei Minuten nicht so ganz ausreichen. Dem Arzt kann man diesbezüglich auch keinen großen Vorwurf machen und das möchte ich mit den provokanten Aussagen auch nicht tun. Denn auch er ist im System eingebunden und muss sich an ein bestimmtes Zeitfenster und an Abrechnungspositionen halten, um in der freien Marktwirtschaft bestehen zu können und nicht regresspflichtig gemacht zu werden. Regress bedeutet im Falle des Arztes, dass er eine Strafzahlung tätigen muss, wenn er im Vergleich zum Fachgruppendurchschnitt sein Arznei-, Hilfe- und Heilmittelbudget signifikant überschreitet.

Nur geht es hier nach wie vor um Sie, um den Menschen, der mit seinen Beschwerden nach einem Lösungsansatz sucht und selbstverständlich die beste Versorgung und Aufklärung erwartet.

Die Wirbelsäule – Zentralachse des Lebens

Bevor ich auf die gängigsten Beschwerdebilder eingehe, möchte ich Ihnen einen kurzen Überblick über die Zusammenhänge zwischen der Wirbelsäule, den Gelenken und den Organen geben. Dies ist wichtig, damit Sie ein Bild über die Wichtigkeit der Wirbelsäule beziehungsweise davon bekommen, weshalb die Wirbelsäule für mich in der Untersuchung und der Behandlung an erster Stelle steht.

Ich möchte kurz über die Bestandteile der Wirbelsäule sprechen. Die Wirbelsäule ruht mit ihren 24 einzelnen Wirbeln auf dem Kreuzbein, welches ebenfalls aus fünf zusammengeschmolzenen Wirbeln besteht. Das Kreuzbein (lat. Sacrum) fügt sich zwischen die beiden Darmbeine ein (lat. Iliae). Somit bildet das Kreuzbein mit den beiden Darmbeinen das Becken. Die Gelenke zwischen dem Kreuzbein nennt man Kreuzbein-Darmbeingelenk oder im Lateinischen Iliosakralgelenk, kurz ISG. Unten am Kreuzbein befindet sich das Steißbein, welches ebenfalls ein in der Entwicklung zum Menschen zusammengeschmolzenes Relikt aus fünf kleinen Wirbeln ist.

Die Wirbelsäule, die auf dem Becken, dem Fundament der Wirbelsäule ruht, teilt sich in drei Teile. Die Lendenwirbelsäule (LWS), die Brustwirbelsäule (BWS) und die Halswirbelsäule (HWS). Zwischen den einzelnen Wirbeln befinden sich die Bandscheiben, welche eine »Pufferfunktion« haben und als »Abstandhalter« dienen, um den Nervenaustritt zwischen den einzelnen Wirbeln freizuhalten. Die erste Bandscheibe befindet sich zwischen dem 2. und dem 3. Halswirbel und die letzte, meistens, zwischen dem 5. Lendenwirbel und dem Kreuzbein. Meistens ist das deshalb so, weil es teilweise noch zwischen dem 1. und dem 2. Kreuzbeinwirbel eine kleine Bandscheibe gibt.
Zwei Wirbel und die dazwischen liegende Bandscheibe werden zusammen auch als »Segment« bezeichnet.

Der Einfluss der Wirbelsäule auf die inneren Organe:

Jeder Wirbel hat ein bestimmtes Versorgungsgebiet, beziehungsweise Organe und Körperstrukturen, die aus der entsprechenden Gegend versorgt werden. Auch hier geht es nicht um Vollständigkeit oder um »genau so ist es und nicht anders«, sondern es geht um Auswirkungen und Zugehörigkeiten, die sich in meiner und in vielen Praxen von Freunden und Kollegen immer wieder zeigen.
Es gibt je nach Therapieform Wirbelsäulenschemata, die zum Teil gleiche, teils andere, teils auch viel detailliertere Angaben haben, als Sie hier finden.
Umgekehrt ist es selbstverständlich auch möglich, dass es bei Organschädigungen, wie zum Beispiel bei einer immer wiederkehrenden Lungenentzündung, zu einer Fehlstellung des entsprechenden Wirbels kommen kann. Im Beispiel der Lunge, zu einer Fehlstellung des 3. Brustwirbels.

Steißbein:

Das Steißbein ist häufig nach Stürzen auf das Gesäß, aber teilweise auch nach dem Geburtsvorgang bei Müttern betroffen.

Wer schon mal fest auf das Gesäß gefallen ist, weiß, was ich meine. Das tut scheußlich weh und ans Sitzen mag man nicht denken. Oftmals wird einem nach einem Sturz auf den Steiß ein Sitzring verordnet, der eine Aussparung hat, wo sich das Steißbein befindet, sodass beim Sitzen kein Druck auf selbiges ausgeübt wird.
Dies kann, neben dem Schmerz beim Sitzen, noch zu Hämorrhoiden und Afterjucken führen, da das Versorgungsgebiet der Enddarm und der After sind.

Bei Frauen kann es nach der Geburt des Kindes auch zu sogenannten Wochenbettdepressionen oder »Babyblues« führen. Selbstver-

ständlich können Wochenbettdepressionen auch andere Ursachen haben.
Eine Fehlstellung des Steißbeins ist jedoch auch durchaus denkbar und sollte in Betracht gezogen werden, wenn es zu depressiven Verstimmungen nach der Geburt kommt!

Durch den Geburtsvorgang entsteht eine Art Vakuum, der das Steißbein nach dem Austritt des Kindes nach vorne-oben ziehen kann. Vor dem Steißbein liegt ein Nervengeflecht, welches dann irritiert werden kann.

Das Steißbein lässt sich oftmals problemlos behandeln. Hierfür empfehle ich, einen Osteopathen aufzusuchen.

Kreuzbein/Sacrum:

Fehlstellungen vom Kreuzbein entstehen ebenfalls oft nach Stürzen auf das Gesäß oder seitlich auf die Hüfte.

Zudem ist auch manchmal der darüber gelegene Wirbel L5, der 5. Lendenwirbel, dafür verantwortlich, dass sich das Kreuzbein in einer Fehlposition befindet.
Da das Kreuzbein zwischen den beiden Beckenschaufeln befindet, kommt es bei einer Kreuzbeinfehlstellung in der Folge oftmals zu einer Beeinträchtigung der Kreuzbein- und Darmbeingelenke, der sogenannten Iliosakralgelenke, der ISG.

Beschwerden, die vom Kreuzbein ausgehen, sind oftmals im Bereich der Hüftgelenke zu finden und können zu Fehlstellungen (Verkrümmungen der Wirbelsäule) führen, da das Kreuzbein das Fundament der Wirbelsäule darstellt.

Die Lendenwirbelsäule, LWS: L1 – L5

Wir haben fünf Lendenwirbel. Von unten nach oben haben wir zunächst den 5. Lendenwirbel, L5. Teilweise hört man von einem 6. Lendenwirbel. Dies ist kein zusätzlicher Wirbel, sondern nur eine Bandscheibe zwischen dem ersten und dem zweiten Kreuzbeinwirbel.
Somit ist das, was »normalerweise« verknöchert ist, noch mobil.

L5: Das Versorgungsgebiet dieses Wirbels sind die Unterschenkel, die Sprunggelenke und die Füße. Folgen einer Fehlstellung von L5 können Durchblutungsstörungen in den Unterschenkeln sein sowie kalte Füße, geschwollene Knöchel, Wadenkrämpfe und Achillessehnenreizungen.
Ferner berichten Patienten von tiefen Kreuzschmerzen, die eher in statischer Belastung wie langes Stehen und Sitzen auftreten, sich vom Sitzen und Bücken aufrichten. Gehen lindert häufig L5-Beschwerden.

L4: Der 4. Lendenwirbel, der direkt dem L5 aufliegt, hat als Versorgungsgebiet die Muskulatur des unteren Rückens, die Prostata beim Mann und den Ischiasnerv. Dementsprechend haben »Ischialgien«, also ausstrahlende Schmerzen von der Lendenwirbelsäule in ein Bein ausgehend, hier ihren Ursprung. Die Ausstrahlungen ziehen an der Rückseite des Beines bis in den Unterschekel oder den Fuß hinunter. Es muss nicht immer gleich ein Bandscheibenvorfall oder eine Diskushernie sein, sondern auch gut korrigierbare Fehlstellungen von L4 können zu bandscheibenvorfallähnlichen Symptomen führen. Die meisten Bandscheibenvorfälle (hierzu später im Unterkapitel Bandscheibenvorfall oder Diskushernie mehr) haben ihren Ursprung zwischen L4 und L5 oder zwischen L5 und S1 (dem ersten Kreuzbeinwirbel).

Ferner können, vom Versorgungsgebiet dieses Wirbels ausgehend, erschwertes, schmerzhaftes Harnlösen und selbstverständlich auch Rückenschmerzen auftreten.

L3: Der »gynäkologische Wirbel«. Dieser Wirbel wird deshalb so genannt, da L3, neben den Knien, die Geschlechtsorgane, die Gebärmutter und die Blase versorgt. Die Fehlfunktion dieses Wirbels kann zu verschiedenen Kniebeschwerden führen, die häufig nicht genau zu lokalisieren sind und häufig in Ruhe, also ohne eine bestimmte Belastung, auftreten. Wegen seiner Verbindung zu den Geschlechtsorganen, können auch Menstruationsbeschwerden, Blasenleiden, Bettnässen, Wechseljahresbeschwerden, Fehlgeburten und Impotenz hier ihren Ursprung haben.

L2: Das Versorgungsgebiet des 2. Lendenwirbels ist der Blinddarm, der Bauch, die Hüfte und die Oberschenkel. L2 ist verantwortlich für die Durchblutung der Hüfte.
Nicht selten haben chronische Hüftbeschwerden wie Arthrosen hier ihren Ursprung!

L1: Das Versorgungsgebiet von L1 ist der Dickdarm. Störungen in diesem Segment können im Allgemeinen zu Darmbeschwerden wie Verstopfungen und Durchfall führen. Ebenso kann es bestimmte Arten von sogenannten Hernien wie zum Bespiel Leistenhernien (Leistenbrüchen) begünstigen.

Die Brustwirbelsäule, BWS: TH 1 – TH12

TH steht für Thorakal-Brustwirbelsäule. Sie besteht aus zwölf einzelnen Wirbeln.
Der 12. Brustwirbel bildet teils gemeinsam mit dem 11. Brustwirbel den Übergang von Lenden- und Brustwirbelsäule und der 1. Brustwirbel steht in Verbindung mit dem 7. Halswirbel.

TH12: Das Versorgungsgebiet von TH12 ist der Dünndarm und das Lymphsystem. Folgen einer Fehlfunktion können zu Blähungen führen und auch Rheuma begünstigen.

TH11: Die Versorgung der Nieren und der Harnröhre entspringt dem 11. Brustwirbel. Eine Folge von Störungen können Hauterkrankungen wie Akne oder Furunkel sein.

TH10: Dies ist das Versorgungsgebiet der Nieren, insofern liegt hier teilweise die Ursache von Nierenbeschwerden, Nieren- und Nierenbeckenentzündungen und chronischer Müdigkeit vor.
Der 10. Brustwirbel hat zudem noch einen großen Einfluss auf das Zwerchfell, das sogenannte Diaphragma und spielt beim Schleudertrauma oft eine ganz entscheidende Rolle.

TH9: Die Nebennieren werden von diesem Wirbel versorgt. Fehlstellungen des 9. Brustwirbels können Allergien sowie Nesselausschläge begünstigen.

TH8: Dieses Gebiet ist für die Versorgung der Milz zuständig, was bei einer Störung zu einer generellen Abwehrschwäche führen kann.

TH7: Bauchspeicheldrüse, Magenausgang, sowie der Zwölf-Finger-Darm werden von hier aus versorgt. Aufgrund einer chronischen Fehlfunktion dieses Wirbels können Magenentzündungen (Gastritis) und auch Magengeschwüre die Folge sein.

TH6: Der 6. Brustwirbel versorgt den Magen und den Magenzugang. Störungen können oftmals zu Magenbeschwerden wie Völlegefühl, saures Aufstoßen, Verdauungsstörungen und Sodbrennen führen.

TH5: Der Leberwirbel. Bei Störungen kann es zu Leberleiden, Fieber, Kreislaufschwäche, niedrigem Blutdruck sowie zu einer Begünstigung von Arthritis kommen.

TH4: Gallenblase und Gallengänge. Entsprechend des Versorgungsgebietes kann es zu Gallenleiden, Gelbsucht und einer Begünstigung von Gürtelrose kommen.

TH3: Das Versorgungsgebiet des 3. Brustwirbels sind die Lungen, die Bronchien, das Rippenfell, der Brustkorb sowie die Brüste. Hier kann es zu Bronchitis, zur Lungenentzündung sowie zu einer Entzündung des Rippenfelles kommen. Umgekehrt ist es selbstverständlich auch möglich, dass Organschädigungen wie zum Beispiel eine immer wiederkehrende Lungenentzündung zu einer Fehlstellung des Wirbels führen kann.

TH2: Der Herzwirbel. Funktionelle Herzbeschwerden können hier ihren Ursprung haben, das heißt, Herzbeschwerden bei denen eine Untersuchung des Herzens selbst keinen Aufschluss gibt respektive das Herz, als Organ gesehen, gesund ist.

TH1: Das Versorgungsgebiet dieses Wirbels sind die Unterarme, die Handgelenke, die Hände und Finger sowie die Speiseröhre und die Luftröhre. Auswirkungen einer Störung dieses Segmentes können entsprechend der Versorgungsgebiete eine Begünstigung von Asthma, chronischem Husten, Atembeschwerden, Kurzatmigkeit sowie Schmerzen in den Unterarmen und den Händen sein.

Die Halswirbelsäule, HWS: C1 – C7

C steht für cervical, was soviel wie den Halswirbel betreffend bedeutet. Die Halswirbelsäule beginnt unter dem Hinterhaupt mit dem 1. Halswirbel C1, dem Atlas und geht hinunter bis zum 7. Halswirbel C7, der dann mit dem 1. Brustwirbel den Übergang zur Brustwirbelsäule bildet. Die erste Bandscheibe der Wirbelsäule ist zwischen dem 2. und dem 3. Halswirbel.

Zwischen dem 1. und dem 2. Halswirbel gibt es keine Bandscheibe. Der erste und der zweite Halswirbel sind die wichtigsten Wirbel der HWS und werden auch als »Kopfgelenke« bezeichnet.

C7: Der 7. Halswirbel versorgt die Schilddrüse, den Ellenbogen sowie den Schulter-Schleimbeutel. Folgen einer Störung können Schleimbeutelentzündungen, Beschwerden am Ellenbogen sowie immer wiederkehrende Erkältungen sein.

C6: Das Versorgungsgebiet des 6. Halswirbels ist die Nackenmuskulatur, die Schultern und die Rachenmandeln. Ein steifes Genick, Oberarmschmerzen, Mandelentzündungen-, Keuch- und Krupphusten können die Folge einer Fehlfunktion sein.

C5: Störungen und Verschiebungen dieses Wirbels können zu Kehlkopfentzündungen und Heiserkeit führen, da das Versorgungsgebiet die Stimmbänder, die Nackendrüsen und der Rachen sind. Ferner versorgt der 5. Halswirbel den oberen Teil der Schulter und somit kann es auch bei Fehlfunktionen oder Bandscheibenbeschwerden des 5. Halswirbels zu ausstrahlenden Schmerzen in der Schulter kommen.

C4: Versorgungsgebiete sind die Nase, die Lippen, der Mund und die Eustachische Röhre, dies ist die Verbindung zwischen dem Mittelohr und dem Nasen-Rachen-Raum und wird auch Ohrtrompete genannt. Hier kann es zu Heuschnupfen, Polypen und Gehörbeeinträchtigungen kommen.

C3: Der 3. Halswirbel versorgt die Wangen, die Ohrmuschel, die Gesichtsknochen, die Zähne und den Nervus facialis (ein dreiteiliger Gesichtsnerv). Demnach können Störungen in diesem Gebiet eine Trigeminusneuralgie, Gesichts- und Kieferschmerzen verursachen.

C2: Der lateinische Name dieses Wirbels ist Axis. Der 2. Halswirbel steht nicht nur räumlich mit dem 1. Halswirbel eng in Verbindung, sondern auch von der Funktion her. Fehlstellungen dieses Wirbels bedingen auch immer eine Funktionsstörung vom 1. Halswirbel, C1.

Das Versorgungsgebiet dieses Wirbels sind die Augen, die Seh- und Hörnerven, die Nebenhöhle, die Zunge und die Stirn.
Entsprechend kann es zu Nebenhöhlenbeschwerden, Ohrenschmerzen und Ohrgeräuschen kommen sowie zu Augenleiden.

C1: Wie bei C2 besprochen steht der 1. Halswirbel, der Atlas, direkt mit dem C2 in enger Verbindung. Auf dem Atlas ruht der Kopf, was in der griechischen Mythologie durch Atlas versinnbildlicht wird, der die Welt auf seinen Schultern trägt.
Der Atlas ist verantwortlich für die Blutversorgung des Kopfes und der Kopfhaut, dem Innen,- und Mittelohr, dem Gehirn sowie dem sympathischen Nervensystem.
Eine C1-Fehlfunktion kann einen ganz charakteristischen Kopfschmerz auslösen. Dieser zieht dann meist vom Hinterhaupt wie eine Kapuze zur Stirn und teils auch isoliert über der Augenbraue oder an den Schläfen. Eine C1-Störung kann ferner zu Schwindel, Konzentrationsstörungen, Schlafstörungen, Nervosität und chronischer Müdigkeit führen.

Der schmerzhafte Rücken und Erkrankungen der Wirbelsäule

Wie vorangehend besprochen ist die Wirbelsäule die zentrale Achse, die, egal um welches Problem es sich im menschlichen Körper handelt, mitbehandelt werden sollte, beziehungsweise deren Korrektur vorrangig sinnvoll ist, bevor das schmerzhafte Gelenk behandelt wird.

Aus diesem Grund werden die nachfolgenden Erkrankungen auch mit den Erkrankungen der Wirbelsäulensegmente beginnen. Es gibt eine ganze Reihe von Erkrankungen, die die Wirbelsäule betreffen. Ich nenne hier nur die häufigsten, da das Buch sonst einem medizinischen Lexikon gleichen würde.

Zögern Sie nicht, uns anzusprechen, sollten Sie zu anderen Beschwerdebildern Fragen haben. Wir helfen Ihnen gerne weiter und wenn wir es nicht wissen, bringen wir es für Sie in Erfahrung!

Akute Lumbago, der »Hexenschuss«:

Dies ist die häufigste Erkrankung der Lendenwirbelsäule. Die Ursache ist ein plötzliches Verhebetrauma, das ein Aufrichten aus gebeugter Haltung mit kombinierter Drehung umschreibt. Es ist wichtig, den akuten »Hexenschuss« von einem Bandscheibenvorfall zu unterscheiden, da die Schmerzen im akuten Stadium ähnlich sein können.

In der akuten Phase, die rund drei bis zehn Tage dauert, sollte keine Therapie erfolgen, auch wenn der Leidensdruck in dieser Zeit am größten ist!

In dieser Zeit ist es wichtig, eine schmerzarme Lagerung einzunehmen und die Wirbelsäule nicht zu belasten. Eine dosierte lokale Schmerztherapie und/oder die Einnahme von entzündungshemmenden Mitteln kann bei starken Schmerzen hilfreich sein, wobei dabei unbedingt darauf zu achten ist, dass aufgrund der Schmerzreduktion durch die Medikamente die Belastung auf gar keinen Fall erhöht werden sollte!!! Der Schmerz ist immer ein Warnsignal des Körpers, ein Hinweis, dass irgendetwas nicht richtig funktioniert. Dieses Warnsignal muss beachtet werden!

Das ist ähnlich wie bei einem Auto, an dem die Öl-Kontrolllampe leuchtet. Einfach nur das Lämpchen mit einem Aufkleber abzudecken, mag für den ersten Moment für ein besseres Gefühl bei Ihnen sorgen, aber der Motor wird kaputtgehen, wenn Sie die Warnung nicht beachten und kein Öl nachfüllen.

Ein sinnvoller Therapieansatz besteht darin, den auslösenden Faktor in der Wirbelsäule zu suchen und zu behandeln. Häufig kommt es infolge eines Verhebetraumas zu einer Fehlfunktion (Blockierung) in Form eines Beckenschiefstandes und zu Kompensationen in der gesamten Wirbelsäule sowie im Bein. Diese Kompensationen dienen dazu, den Schiefstand des Beckens wieder auszugleichen. Diesen Ausgleich sucht der Körper vornehmlich auf L4, dem 4. Lendenwirbel. Dies ist auch die Ursache, weshalb die meisten Bandscheibenvorfälle/Diskushernien zwischen dem 4. und 5. Lendenwirbel entstehen. Häufig berichten Patienten mit einem Bandscheibenvorfall in ihrer Anamnese von immer wiederkehrenden »Hexenschüssen« und einer längeren Rückengeschichte. Kommt Ihnen das bekannt vor?

Bandscheibenvorfall oder Diskushernie:

Zwischen jedem Wirbel, mit Ausnahme des 1. und 2. Halswirbels und den unteren Kreuzbeinwirbeln, die letzteren wurden im Laufe der Evolution verknöchert, liegen Bandscheiben. Diese dienen als Stoßdämpfer und Abstandhalter, um die Nerven, die aus den Zwischenwirbellöchern austreten, freizuhalten, damit diese nicht eingeengt werden. Bei einem Bandscheibenvorfall kommt es zum Einriss des Bandscheibenrings infolge verschiedener Ursachen wie einer

Fehlfunktion des Beckens sowie der unteren Lendenwirbelsäule und dies aufgrund von »immer wiederkehrenden Hexenschüssen«. Der Bandscheibenvorfall ist somit keine ursächliche Erkrankung, sondern lediglich ein Symptom, eine Folge von verschiedenen Einwirkungen.

Der Kern der Bandscheibe ist beweglich und er verlagert seine Position im Ring je nach Belastung. Ich vergleiche dies mit dem Ketchup in einem Hamburger. Wenn man sich zum Beispiel nach vorne neigt, verlagert sich der Kern nach hinten und streckt man den Rücken und verstärkt das Hohlkreuz, verlagert sich der Kern nach vorne. Ebenso verläuft es mit dem Ketchup des Burgers, der nach hinten quillt, wenn man vorn zu euphorisch drangeht, um ihn zu verschlingen.
Der Bandscheibenvorfall entsteht in den allermeisten Fällen durch ein starkes Verhebetrauma mit gleichzeitiger Rotation. Dies ist ähnlich, wie ich es beim »Hexenschuss« besprochen habe. Der Unterschied zur vorher beschriebenen akuten Lumbago besteht darin, dass es bei der Diskushernie zum Einriss des Rings kommt und sich der Kern vorwölbt, man spricht dann dabei von einer Protrusion. Wenn der Ring sich stark nach außen in den Rückenmarkskanal verlagert, spricht man von einem Prolaps, einem Vorfall.
Bei einem Vorfall der Bandscheibe kommt es weniger darauf an, wie groß dieser ist, sondern vielmehr wie groß der freie Restraum im Rückenmarkskanal bleibt und wie stark die Beeinträchtigung der Nerven ist.
Die Symptome sind hierbei abhängig von der Schwere des Vorfalls:

- Im Bein sind heftigst ausstrahlende Schmerzen wahrnehmbar, die oftmals bis in den Fuß und seltener bis in den Rücken spürbar sind.
- Bewegungseinschränkung der Wirbelsäule, Missempfindungen. teilweise Lähmungen in Form von neurologischen Ausfällen. Oftmals ist der Fußhebemuskel betroffen und das Gehen auf den Fersen ist erschwert oder nicht möglich.

Die Diagnose erfolgt über bildgebende Verfahren wie Computertomografie (CT), MagnetResonanzTomographie (MRT) oder das Elektromyogramm.

Die Therapie sollte sich entsprechend nach den verschiedenen Wundheilungsphasen richten. In der akuten Phase, die bis zu zehn Tage dauert, gilt es den Körper durch eine schmerzarme Lagerung zu entlasten. Eine dosierte Schmerztherapie kann hier hilfreich sein und zur Linderung führen. Nach zehn Tagen bis zu vier Wochen kommt es im Körper zu einer Rekonstruktion, eines Neuaufbaus des Gewebes. Hier ist der Schmerz das Leitsymptom. In dieser Phase sollte schmerzabhängig zwischen liegen und gehen gewechselt werden. Auf schmerzlindernde Medikamente sollte in dieser Phase unbedingt verzichtet werden, damit das Gewebe die Möglichkeit zu regenerieren erhält und nicht immer wieder einreißt!

Nach ungefähr vier Wochen kann man über trainingstherapeutische Reize wie in der Medizinischen Trainingstherapie (MTT) die Qualität des Gewebes stark beeinflussen. Hierbei ist eine genaue Reihenfolge der Art der Belastung vorzugsweise mit freien Gewichten unbedingt zu beachten!

Ein sinnvoller Therapieansatz beginnt damit nach der akuten Phase, das heißt nach rund zehn Tagen. Die Fehlstellungen und die Kompensationen in der Wirbelsäule und im Bein können nun langsam aufgehoben werden, um den Heilungsprozess zu beschleunigen und rezidive respektive erneute Beschwerden zu vermeiden.

Eine gezielte Trainingstherapie sollte mindestens über ein Jahr mit dem Ziel durchgeführt werden, die Alltagsbelastung auf rund 130 Prozent heraufzusetzen. Das heißt je nach Beruf, klotzen und nicht kleckern. Ein Bauarbeiter muss hier sicherlich richtig ran, wohingegen eine administrative Kraft im Büro, die selten bis gar nicht einer sportlichen Aktivität nachgeht, die Belastung nicht ganz so hoch wählen muss. Auch hier geht es wie bei allem um die Individualität des Einzelnen und 130 Prozent sehen hier natürlich ziemlich unterschiedlich aus. 130 Prozent sollten aber erreicht werden, um sicherzugehen, dass die Bandscheibe stabil ausheilt und es nicht immer wieder zu Folgebeschwerden kommt.

Sollten Lähmungserscheinungen auftreten oder es gar zu Kontinenzstörungen von Harn oder Stuhl kommen, ist dies ein Notfall! Bitte suchen Sie in solchen Fällen direkt einen Arzt auf!

Spondylolisthesis »Wirbelgleiten«

Hierbei kommt es zu einem Nachvorneverschieben eines Wirbels zum unten liegenden Wirbel, zum Beispiel zu einer Nachvorneverschiebung des 4. Lendenwirbels zum 5. Lendenwirbel. Dieses kann angeboren oder aber erworben sein. Das Wirbelgleiten wird nach Meyerding (MD) in vier verschiedene Grade eingeteilt, die den Versatz des Wirbels nach vorne definieren. Im Allgemeinen ist das Wirbelgleiten symptomlos. Die auftretenden Beschwerden haben ihre Ursache häufig in daraus resultierenden Funktionsstörungen der Wirbel oder des Beckens. Eine Operation ist erst ab einer Spondylolisthesis nach Meyerding Grad 3 indiziert.

Ein sinnvoller Therapieansatz ist derselbe wie bei einer Lumbago (Hexenschuss). Es gilt die Funktion der einzelnen Wirbeletagen und des Beckens zu verbessern, um so dem Körper bessere Kompensationsmöglichkeiten zu ermöglichen. Ein Stabilisierungstraining ist unbedingt empfehlenswert, hier ist Ihr Therapeut der Experte.

Foramenstenose

Hierbei kommt es aufgrund unterschiedlicher Ursachen wie zum Beispiel einer Bandscheibendegeneration oder einer Arthrose der Wirbelgelenke zu einer Einengung der Austrittsstelle eines Spinalnervs (Neuroforamen) zwischen zwei Wirbeln. Ein sinnvoller Therapieansatz ist es, die Einengung zwischen den Wirbeletagen durch abschwellende manuelle Maßnahmen zu verringern und die Funktionen zu verbessern.

Die Foramenstenose ist, so wie die Spinalkanalstenose, ein gutes Beispiel für eine Grenzwanderung der konservativen Therapie. Ein Versuch, Linderung zu verschaffen, ist sehr gut und oftmals lässt sich Linderung erzielen, nach Grad der Schwere jedoch nur für einen begrenzten Zeitraum. Auch hier steht die ehrliche Aufklärung vor dem therapeutischen Blindflug! Wenn sich durch die therapeutische Intervention nichts verändert und/oder die Beschwerden stärker werden, sollte der Weg zum Arzt und zu einem operativen Eingriff in Erwägung gezogen werden. Hier, so wie bei allem, bestimmen Sie und Ihr persönlicher Leidensdruck und nicht das Röntgenbild.

Spinalkanalstenose

Hierbei handelt es sich um eine mehr oder minder starke Einengung des Spinalkanals mit einer eventuellen Kompression des Rückenmarks. Die Ursachen hierfür liegen oftmals in degenerativen Veränderungen der Wirbelkörper und Wirbelgelenke.
Teilweise ist eine Spinalkanalstenose auch genetisch bedingt.
Die Symptome sind andauernd ausstrahlende Schmerzen in beiden Beinen. Hierbei handelt es sich um eine starke, um eine strukturelle Veränderung, die mit einer Funktionstherapie nicht zu behandeln ist.

Die Spinalkanalstenose erfordert gegebenenfalls eine Infiltration in die Wirbelgelenke oder einen operativen Eingriff, bei dem der Wirbelkanal erweitert wird.

Ein sinnvoller Therapieansatz liegt hierbei in der Symptombehandlung und in der Behandlung beziehungsweise einer Funktionsverbesserung der angrenzenden Gelenke.

Schleudertrauma oder HWS Beschleunigungstrauma (Whiplash-Trauma)

Das HWS-Schleudertrauma stellt häufig eine große therapeutische Herausforderung dar. Die Ursache liegt oftmals in einem Auffahrunfall, wobei die Halswirbelsäule (HWS) ruckartig nach hinten geschleudert wird. Es kann aber auch durch sonstige Unfälle auftreten, bei denen die HWS stark beeinträchtigt wird.

Das Beschwerdebild ist häufig sehr komplex und oft in den bildgebenden Verfahren wie Röntgen, CT, MRT nicht eindeutig zu diagnostizieren.

Warum das Schleudertrauma ein so kompliziertes Krankheitsbild darstellt und so viele, teilweise nicht greifbare Beschwerden verursachen kann, liegt aus meiner Sicht darin, dass oft eine regelrechte »Befundratlosigkeit« entsteht. Um dieses Trauma zu verstehen ist es wichtig, den Unfallhergang so genau wie möglich herzuleiten, da dies wichtige Anhaltspunkte für die Therapie liefert.

Die Ursache für die komplexen Beschwerden liegen in den Kopfgelenken, sprich den oberen Halswirbeln C1 und C2. Durch die Beschleunigung, die auf die Wirbelsäule einwirkt, kommt es zu einer Irritation eines Nervengeflechts, das sogenannte Ganglion cervicale superius. Dieses ist eine wichtige Schaltstelle, denn es versorgt den Kopf mit vegetativen Nervenfasern. Das vegetative Nervensystem lässt sich nicht willentlich beeinflussen, somit haben Störungen und Irritationen in diesem Bereich weitreichende Symptome zur Folge.

Hier einige Beispiele:

- Kopfschmerzen, teils migräneartig
- Schwindel ⌑
- Chronische Müdigkeit und Leistungsabfall
- Konzentrationsstörungen, Schlafstörungen und innere Unruhe
- Kreislaufstörungen
- Augen- oder Ohrensymptome
- Schmerzen am Bewegungsapparat

Der Körper versucht die Fehlstellung der Kopfgelenke im gesamten Körper zu kompensieren, was wiederum zu Symptomen in anderen Körperpartien und auch in den inneren Organen führen kann.

Ein sinnvoller Therapieansatz ist es, die Fehlfunktionen, insbesondere der Kopfgelenke, schnellstmöglich zu beseitigen und gleichzeitig die Kompensationssysteme im gesamten Körper mit aufzulösen, um wieder schnell ein Gleichgewicht zu schaffen. Aufgrund der Komplexität der Beschwerden ist es aus meiner Sicht wichtig, nicht zu schnell zu viele Behandlungsimpulse zu setzen, sondern den Körper Schritt für Schritt wieder an die »Normalität« heranzuführen. ⌑Weniger ist hierbei definitiv mehr!

Ein Schleudertrauma ist für die Betroffen eine schwierige Situation. Aber nicht nur für sie, sondern oft auch für die Familie, Angehörige und Freunde ist die Situation herausfordernd. Es kann infolge des Traumas und der vegetativen Störungen durchaus zur sozialen Isolation kommen. Das Problem liegt auch hier teils in der Diagnostik beziehungsweise in der Interpretation dieser. In den bildgebenden Verfahren sieht man – einerseits Gott sein Dank – oft nichts, das heißt Röntgen und MRT, die beispielsweise nach einem Auffahrunfall zwingend gemacht werden sollten, um strukturelle Verletzungen auszuschließen, sind ohne Befund.

Die Kehrseite der Medaille ist die Glaubensfrage. Wer glaubt einem schon, wenn man ständig Kopfschmerzen, Schwindel, Unwohlsein, chronische Müdigkeit, Schlaflosigkeit, wandernde Schmerzen und anderes hat und ärztlicherseits doch alles ohne Befund ist?

Sollten Sie selbst betroffen sein oder einen entsprechenden Fall kennen, so bitte ich Sie, nicht aufzugeben! Es gibt immer eine Lösung und zumindest ein Teilerfolg kann fast immer erzielt werden, wenn man die Herangehensweise entsprechend wählt.

Was aus meiner Sicht immer wunderbar unterstützend hilft, ist ein Visionboard. Das bedeutet, die eigene Motivation zu fördern, wieder gesund zu werden!

Bauanleitung für ein Visionboard:

Nehmen Sie sich eine große Pinnwand, ein großes Papier oder ein Flipchart.

Wann:

Als Erstes schreiben Sie bitte ein realistisches Datum auf, wann Sie wieder gesund sein möchten und ich bitte Sie, dies so präzise wie möglich zu tun!

Warum:

Dieser Punkt mag Ihnen vielleicht etwas seltsam erscheinen, denn das Warum scheint doch allzu klar zu sein: Damit man keine Schmerzen und andere Beschwerden hat. Weit gefehlt.

Das Warum ist ein ganz entscheidender Punkt und für Ihr persönliches Warum sollten Sie sich auch bitte etwas Zeit nehmen, um es genau zu definieren.

Finden Sie Ihr Warum, indem Sie in sich gehen und Ihren Gefühlen lauschen, was Sie in Ihrem Leben noch erleben, sehen, mit jemandem teilen möchten.

Ist es, dass Sie gerne fit und munter auf der Hochzeit Ihrer Kinder tanzen möchten oder mehr Energie für sie haben, um nach der Schule mit Ihnen zu spielen. Ist es, weil Sie gerne mit Ihrem Partner die Welt bereisen oder mit Ihren Enkeln das Leben genießen möchten. Was auch immer Ihr persönliches Warum ist, es sollte so emotional wie möglich sein.

Ein Warum, dass Ihnen Freudentränen in die Augen treibt, wenn Sie auch nur daran denken!

Vergessen Sie nie: Je größer das Warum, umso leichter das Wie!

Bilder:
Bilder sagen mehr als tausend Worte. Bespicken Sie ihr Board, Ihr Riesen-Visionsblatt mit Bildern. Dinge, die Ihnen Freude machen, die Sie erleben möchten, die Sie antreiben, nicht aufzugeben.

Hängen Sie ihr Visionboard an einem Ort auf, an dem Sie täglich mehrfach vorbeilaufen. Bleiben Sie jedes Mal davorstehen, und gehen Sie es durch. Ihr Wann, Ihr Warum, Ihre Bilder und Sie werden sehen, dass das Wie kommen wird und mit dem Wie kehrt auch wieder Gesundheit in ihr Leben!

Die Schulter

Die Schulter ist ein komplexes Gelenk, welches häufig zu Funktionsstörungen neigt, da sie eine schlechte Gelenkspassform hat und zu 100 Prozent durch Muskeln, der sogenannten Rotatorenmanschette, geführt wird.

Die Schulter beziehungsweise der Schulterkomplex besteht aus drei Gelenken:

- SC-Gelenk (Sterno-Clavicular-Gelenk). Eine Gelenksverbindung zwischen dem Brustbein (lat. Sternum) und dem Schlüsselbein (lat. Clavicula).
- AC-Gelenk (Acromio-Clavicular-Gelenk). Dieses Gelenk liegt zwischen dem Schultereck oder Schulterdach (lat. Acromion) und dem Schlüsselbein (lat. Clavicula). Das Schulterdach ist ein Teil des Schulterblattes.
- Das Gleno-Humeral-Gelenk ist der Name für das eigentliche Schultergelenk, das von der Schultergelenkspfanne (lat. Cavitas Glenoidale) und dem Oberarmkopf (lat. Humerus) gebildet wird. Die Gelenkspfanne ist ein Teil des Schulterblattes beziehungsweise geht in das Schulterblatt über.

Selten ist die Schulter das ursächliche Problem, wenn es zu Schmerzen kommt. Oftmals liegt die Ursache in der oberen Brustwirbelsäule (BWS) und den angrenzenden Rippen. Die obere Brustwirbelsäule hat einen entscheidenden Einfluss auf die Funktion der Schulter. Bestehen in der Wirbelsäule, insbesondere in der BWS Fehlstellungen/Blockierungen, so ist die weiterlaufende Bewegung der Schulter, wenn Sie zum Beispiel mit dem Arm nach oben greifen möchten, um eine Tasse aus dem Schrank zu holen, gestört. Als Folge der Bewegungseinschränkung reagiert die Schulter zu Beginn mit einer leichten Einschränkung der Beweglichkeit, dann folgen Schmerzen und später, wenn Sie ganz beleidigt ist, weil man nicht auf die Warnsignale gehört hat, antwortet sie mit einem Bewegungsverlust. Hierzu im Folgenden mehr.

Die schmerzhafte Schulter und Erkrankungen der Schulter

Arthritis der Schulter, Schleimbeutelentzündung und die Folgen:

Die Arthritis ist eine akute Entzündung des Schultergelenks. Die Ursachen hierfür können vielfältig sein. Jede Arthritis geht dabei mit einer schmerzhaften Bewegungseinschränkung der Schulter einher. Dabei kommt es zu einem Ungleichgewicht in der Schultermuskulatur, wobei die Muskeln, die den Arm nach innen rotieren, stärker sind als die, die nach außen rotieren, beziehungsweise die Muskeln, die den Arm nach außen rotieren aufgrund von zu viel Spannung schwächer sind. Hierdurch wird das Gelenk respektive die Gelenkkapsel unsachgemäß belastet, was dann wiederum zu einer Entzündung führt.

Diese Entzündung kann in der Untersuchung in drei Grade eingeteilt werden. Wenn diese Entzündungsgrade nicht beachtet werden und die Schulter immer weiter im Schmerzbereich belastet wird, kann es zur Schleimbeutelentzündung (auch »Impingement« und auf Deutsch »Einklemmung, Einengung«) kommen und später dann zur »Frozen Shoulder«, der Schultersteife.

Ein sinnvoller Therapieansatz besteht primär darin, die Funktion in der Wirbelsäule zu verbessern, da gerade der obere Bereich der Brustwirbelsäule zum einen für eine optimale Beweglichkeit des Armes als auch für die Durchblutung extrem wichtig ist. Eine lokale Schulterbehandlung, ohne vorher die Wirbelsäule zu behandeln, ist nicht wirklich sinnvoll, sondern eher kontraproduktiv. Häufig wird die Entzündung durch eine lokale Schulterbehandlung eher noch verstärkt. Bei einer starken Reizung der Schulter sollte unbedingt eine Ruhigstellung des Armes für sieben bis zehn Tage erfolgen! Fragen Sie Ihre entzündete Schulter, ob sie RUHE oder BEWEGUNG möchte??? Hören Sie auf sich!!!

Oftmals kommen hier Einwände wie: »Ich kann den Arm aber nicht ruhigstellen, da ich zur Arbeit muss.« Oder: »Ich kann meinen Tennispartner doch nicht im Stich lassen.«

Selbstverständlich ist dies Ihre Entscheidung, ob Sie sie schonen oder nicht.

ABER! Möchten Sie, dass es besser wird?

Stellen Sie sich mal vor, Sie haben einen großen blauen, druckempfindlichen Fleck auf Ihrem Arm. Jetzt kommt JEDEN Morgen um 7:45 Uhr jemand zu Ihnen, klingelt, Sie öffnen die Tür und diese Person haut Ihnen mit voller Wucht auf Ihren blauen Fleck. Aua!

So geht das jeden Morgen weiter. Wie lange glauben Sie, wird Ihr blauer Fleck bestehen bleiben? Was sollten Sie, wenn Sie denn möchten, dass er abheilt, tun? Am einfachsten ist sicher, die Tür, wenn es wieder um 7:45 Uhr klingelt, geschlossen zu lassen.

Geben Sie Ihrer Schulter die Möglichkeit zu heilen und lassen Sie die Schmerztür zu, indem Sie Ihren Arm schonen. Ansonsten drehen Sie sich im Kreis und werden die Therapiespirale nur schwerlich durchbrechen.

Gönnen Sie dem Gelenk Frieden und es wird Ihnen dankbar sein!

Im Anschluss ist es sinnvoll, den gesamten Schulterkomplex zu therapieren. Sobald die Funktion in der Schulter wiederhergestellt ist, ist ein gezieltes Funktionstraining im Rahmen einer Medizinischen Trainingstherapie (MTT) unabdingbar, um wieder ein optimales Gleichgewicht in der Schultermuskulatur herzustellen.

Arthrose der Schulter:

Die Arthrose der Schulter ist weitaus seltener als die Hüftarthrose und verläuft meist schmerzlos. Hierbei kommt es eher zu Bewegungseinschränkungen und »Krepitationsgeräuschen«, was ein »Knacken« und »Knirschen« bei Bewegungen beschreibt.

Ein sinnvoller Therapieansatz ist es, die gestörte Bewegungsqualität zu verbessern. Das Bewegungsausmaß ist hierbei eher sekundär, vielmehr ist es wichtig, dass die Schulterbeweglichkeit harmonisch abläuft, damit das Gelenk keinen weiteren Schaden nimmt.

Der schmerzhafte Ellenbogen und Erkrankungen des Ellenbogens

Wenn es um Beschwerden am Ellenbogen geht, spricht man hierbei meistens vom »Tennisellenbogen« oder vom »Golferellenbogen«. Im medizinischen Jargon lautet die Fachbezeichnung Epicondylitis medialis- oder lateralis humeri.

In unserer heutigen Zeit entsteht die Ellenbogenentzündung nicht mehr zwangsläufig durch Tennis- oder Golfspielen, sondern vielmehr durch unsere täglichen Bewegungs- und Verhaltensmuster wie bei Computerarbeiten. Der auslösende Faktor ist hierbei eine vermehrte Belastung und Anstrengung der Unterarmmuskulatur. Diese muss, wie jede andere Struktur im Körper auch bei großer Aktivität stärker durchblutet werden.

Und so kommen wir zur Ursache der Beschwerden. Aus unserer Sicht liegt die Ursache einer Epicondylitis zu 98 Prozent in der oberen Brustwirbelsäule (BWS). Wie ich bereits im Vorfeld bei den Schultererkrankungen beschrieben habe, ist eine gute Funktion des Armes abhängig von einer guten Funktion der BWS. Bei einer Fehlstellung in diesem Bereich kommt es auch zu Fehlfunktionen der Rippen, was wiederum Auswirkungen auf das Nervensystem hat. Das vegetative Nervensystem, der Teil des Nervensystems, den wir nicht willentlich beeinflussen können, ist unter anderem für die Durchblutung der Arme verantwortlich. Kommt es demnach hier zu Störungen, ist auch die Durchblutung der Arme gestört. Wenn wir jetzt davon ausgehen, dass die Muskulatur bei vermehrter Aktivität mehr Blut, sprich mehr Sauerstoff und Nährstoffe benötigt, kann dieser Bedarf nicht gedeckt werden und es kommt insbesondere beim Übergang von der Sehne in den Muskel zu einer »Sauerstoffschuld«. Dies führt dann zu einer Reizung der Sehne und somit zur Entzündung. Die Überlastung ist nur der Tropfen, der das Fass zum Überlaufen bringt.

Unser Ansatz in der Therapie liegt hierbei vorerst in der Aufklärung der Analyse der auslösenden Faktoren und der Ergonomie.

Es ist unbedingt notwendig, den auslösenden Faktor auszuschalten, respektive die täglichen Arbeitsabläufe so zu optimieren, dass es zu keiner neuen Fehlbelastung des Ellenbogens kommt. Der »Teufelskreis« der ständigen NEU-Reizung muss durchbrochen werden!

Von der Behandlung her geht es wieder primär darum, die Funktion der Wirbelsäule, insbesondere der oberen BWS, zu verbessern. Ziel ist es, die Durchblutungssituation im Arm zu optimieren, bevor wir den Ellenbogen lokal behandeln. Darum wundern Sie sich bitte nicht, wenn der Ellenbogen in den ersten Sitzungen gar nicht mitbehandelt wird. Erst wenn die Voraussetzung zur Heilung gegeben ist, wird der Ellenbogen interessant und die Behandlung effektiv.

Die schmerzhafte Hand und Erkrankungen der Hand

Die Hand wird in der therapeutischen Praxis oft sehr stiefmütterlich behandelt. Sicher sind, wenn es um die Hand geht, die Ergotherapeuten und von ihnen insbesondere diejenigen, die sich auf die Hand spezialisiert haben, die besseren Ansprechpartner.

Die Hand ist ein unfassbar komplexer Körperteil, welches uns dazu befähigt, die Welt und unsere Mitmenschen im wahrsten Sinne des Wortes zu »begreifen«. Wer sich schon einmal die Hand gebrochen hat oder auch nur einen Finger an unserer »Haupthand«, weiß, was ich meine. Oft merkt man erst, was man an einem Gelenk hat, wenn es nicht mehr so richtig will.

Ich möchte hier nicht auf Frakturen und traumatische Sehnenverletzungen der Hand eingehen, denn das ist nicht meine Stärke und ein erfahrener Ergotherapeut ist hier der bessere Ansprechpartner für Sie. Hingegen möchte ich gerne meine Sichtweise auf nicht isolierte Handprobleme mit Ihnen teilen.

Morbus Sudeck

Bei der Sudeck-Erkrankung handelt es sich per Definition um eine »Reflexdystrophie«.

Dies sagt aus und das ist auch unsere Erfahrung, dass das vegetative Nervensystem (der Teil des Nervensystems, den wir willentlich nicht beeinflussen können) in dem Teil eine Störung aufweist, die für die Hand verantwortlich ist.

Die Schaltstelle hierfür liegt in der oberen Brustwirbelsäule und Patienten mit einer Sudeck-Dystrophie geben oft langjährige Beschwerden in diesem Bereich an, wie beispielsweise ein Stechen zwischen den Schulterblättern und/oder Verspannungen.

Es gibt auch einen Morbus Sudeck, der den Fuß betrifft, hier liegt die Schaltstelle in der unteren Lendenwirbelsäule (L5 / S1) teils in Kombination mit dem Becken.

Was hier oft zu finden ist, sind Rippenstörungen. Vor den Rippen liegen »Schaltstellen« für das vegetative Nervensystem und bei Störungen in der oberen Brustwirbelsäule kommt es infolge oft zu Fehlstellungen oder Blockaden der Rippen, was wiederum zu Irritationen dieser Schaltstellen führt. Hierdurch wird, wenn es ganz dumm läuft, zum einen die Nervenversorgung sowie die Durchblutung beeinträchtigt, die für diesen Bereich verantwortlich ist.

Selbstverständlich liegt beim Morbus Sudeck die Hand im Fokus der Therapie, jedoch ist es sehr sinnvoll, die Nerven- und Blutbewässerungsanlage im Vorfeld wieder in Gang zu setzen und der Hahn, den es aufzudrehen gilt, liegt in der vorgängig beschriebenen Körperregion.

Therapeutisch bietet es sich an, eine Kombination aus Wirbelsäulen- und Ergotherapie zu wählen. Generell ist dieser Prozess langwierig, aber es ist definitiv lohnenswert, ihn zu gehen, man wird auf JEDEN Fall einen Erfolg erzielen, egal was man hört und liest, bevor man die Flinte ins Korn wirft!

Das Carpaltunnelsyndrom (CTS)

Das Carpaltunnelsyndrom, kurz CTS, ist ursächlich und therapeutisch wie der Morbus Sudeck anzugehen. Eine Kombination von Wirbelsäulen- und Ergotherapie hat sich hier bewährt und sollte, bevor eine OP in diesem Bereich angesetzt wird, auf jeden Fall versucht werden.

Die schmerzhafte Hüfte und Erkrankungen der Hüfte

Das Hüftgelenk ist sehr stark abhängig von einer normalen Funktion des Beckens. Kommt es zu einer Fehlfunktion im Becken, führt dies direkt zu einer Fehlfunktion und Fehlbelastung der Hüfte. Ebenso müssen Störungen im Fuß, in der Hüfte und im Becken kompensiert werden.

Hüftarthrose

Die Arthrose der Hüfte ist die häufigste Arthrose der Gelenke. Was eigentlich nicht ganz logisch erscheint, da kein anderes Gelenk im Körper eine derart perfekte Passform hat, in dem die Gelenkspfanne und der Hüftkopf so exakt ineinander passen. Unsere Erklärung hierfür liegt darin, dass die Hüfte, wie ich oben beschrieben habe, zum einen Störungen im Fuß sowie auch im Becken ausgleichen muss und durch Fehlstellungen dieser Gelenke vermehrt fehlbelastet wird. Am Anfang einer Hüftarthrose kommt es oftmals zu Leistenschmerzen mit eventueller Ausstrahlung in den Oberschenkel und zu Anlaufschmerzen nach dem Sitzen oder nach langem Stehen auf der Stelle. Bei fortgeschrittener Arthrose kommt es zu entsprechenden Bewegungseinschränkungen im Hüftgelenk.

Unser erster Ansatz in der Therapie liegt im Aufsuchen und Behandeln der Ursache für die Fehlfunktion im Becken, der Wirbelsäule sowie im Fuß, um weitere Fehlbelastungen zu vermeiden. Dann geht es darum, die bestmögliche Funktion in der Hüfte wiederherzustellen.

Sollte dies nicht möglich sein, da das Gelenk bereits zu sehr geschädigt ist, sollten die Möglichkeiten einer OP besprochen werden. Ob eine Operation notwendig ist, hängt immer vom Einzelfall ab und sollte immer individuell betrachtet werden. Die Frage der OP stellt sich für uns dann, wenn es durch die gestörte Hüftfunktion immer wieder zu Kompensationen in der Wirbelsäule kommt, sodass dadurch die Bandscheiben Schaden nehmen oder der Leidensdruck des Patienten zu groß wird. Letztendlich sollte immer der Patient entscheiden, ob operiert wird und nicht das Röntgenbild.

Eine Arthrose kann zudem zu einer Bursitis, einer Schleimbeutelentzündung der Hüfte führen oder auch die Folge einer chronischen

Bursitis sein. Sollte eine Schleimbeutelentzündung vorliegen, ist eine Bewegung der Hüfte oder die Belastung in der Leiste teilweise bis in den Oberschenkel vermehrt schmerzhaft, insbesondere wenn die Hüfte passiv bewegt wird. Hierbei sollte unbedingt eine Entlastung der Hüfte durch Unterarmgehstützen (Krücken) für rund 14 Tage erfolgen. Eine chronische Bursitis kann auch eine Indikation für eine Infiltrationstherapie (lokale Anästhesie oder auch Cortison) sein.

Infiltrationen sind jedoch auch immer mit Vorsicht zu betrachten und wenn es nach der zweiten Infiltration immer noch keine Linderung gibt, sollte der klare Menschenverstand entscheiden, ob dann noch eine dritte oder gar vierte Infiltration sinnvoll ist.

Arthritis der Hüfte

Eine Arthritis ist ein entzündlicher Prozess, welcher sich in der Folge zu einer Arthrose auswirken kann. Man unterscheidet hier eine traumatische, durch einen Unfall verursachte und eine nicht traumatische Arthritis. Der nicht traumatischen Arthritis liegt oftmals eine sogenannte Systemerkrankung wie Gicht zugrunde. Hierbei stehen belastungsabhängige Leisten- und Bewegungsschmerzen im Vordergrund.

Auch bei der Arthritis sollte primär eine Entlastung für rund 14 Tage erfolgen, um den Entzündungsprozess einzudämmen. Zudem ist es sinnvoll, eine entzündungshemmende Therapie zu machen, sprich sogenannte Antiphlogistika einzunehmen, auf homöopathischer Basis hat sich auch Arnica C30 bewährt.

Therapeutisch gesehen sollte auch hier primär versucht werden, die Fehlstellungen im Becken und der Wirbelsäule zu lösen, um eine Durchblutungsverbesserung zu erreichen. Aber erst wenn es schmerzfrei machbar ist!

Achten Sie bitte darauf und hören Sie sensibel auf Ihren Körper. Schmerzen während der Therapie aber auch im Alltag sind absolut kontraproduktiv und so wird die Reizung in dem Gelenk nur noch verstärkt. Hier verhält es sich genauso wie bei der Entzündung der Schulter (siehe Seite 55).

Hüftprothese TEP

Die Totalendoprothese (TEP) wird oft bei schweren, arthrotischen Veränderungen eingesetzt. Wie ich bereits bei der Arthrose besprochen habe, ist es auch hier, wenn das Gelenk bereits ersetzt wurde, wichtig, die Statik des Beckens und der LWS sowie die Muskelspannungen der Hüftmuskulatur zu behandeln. Es geschieht leider nicht selten, dass eine Prothese mehrfach ausgewechselt werden muss, da sie immer wieder kaputtgeht oder weil die Schmerzen nach der OP dieselben sind wie vorher. Wenn das der Fall ist, wurde nur das Symptom behandelt, die Ursache des Problems wurde jedoch verkannt!

Der optimale Einbau einer Prothese ist eine große Kunst und ich ziehe meinen Hut vor Ärzten, denen das optimal gelingt. Es gilt, viele Faktoren zu berücksichtigen und alle Faktoren in den OP-Prozess miteinzubeziehen.

Sollten sich Ihre Beschwerden trotz »erfolgreicher OP« nicht verändern, sprechen Sie bitte mit ihren behandelnden Ärzten und Therapeuten. Die Ursache, weshalb es zur Abnutzung Ihres Gelenks kam, ist mit hoher Wahrscheinlichkeit noch vorhanden.

Das schmerzhafte Knie und Erkrankungen des Kniegelenks

Das Kniegelenk ist in der Therapie ein sehr dankbares Gelenk und selten die Ursache von Beschwerden. Das Knie ist abhängig von der der Funktion der Gelenke, die darunter (der Fuß) und darüber (Becken, ISG, Hüfte) liegen.

»The Runner`s knee« – Das Läuferknie oder auch der Knieschmerz ohne bekannten Auslöser

Beim Runner`s knee handelt es sich um einen Knieschmerz, der oftmals an der Außenseite und teils auf der Innenseite des Kniegelenks bei Belastung auftritt. Der Name rührt daher, da das Joggen als Hauptauslöser gilt. In der Praxis sehen wir diese gestellte Diagnose allerdings auch oft bei Patienten, die noch nie in ihrem Leben gejoggt sind. Diese geben an, dass ihre Beschwerden nach längerem Gehen oder beim Treppensteigen auftreten können.
Solche Knieschmerzen lassen oftmals nach, sobald die Belastung wie joggen, gehen, Treppensteigen aufhört.
Als Erstes sollte natürlich, wenn es zum Beispiel beim Joggen zum auslösenden Schmerz kommt, dieses vermieden werden, bis die Ursache behoben wurde.

Wir sprechen hier von einem funktionsabhängigen Knieschmerz und wie ich eingangs beschrieben habe, ist die Funktion im Knie von einer guten Funktion des Fußes und des Beckens abhängig. Hier liegt unserer Ansicht nach auch der Einstieg in eine erfolgreiche und schnelle Therapie. Das Becken als zentraler Dreh- und Angelpunkt für das Gehen und Laufen muss in einer guten Funktion sein. Ebenso muss der Fuß optimal funktionieren.

Eine Verkürzung der Muskulatur in der Hüfte sowie des Oberschenkels wird oftmals als Ursache für das Läuferknie angegeben und empfohlen wird ein Dehn- und Kräftigungsprogramm. Die Muskulatur passt sich meiner Ansicht nach immer den Begebenheiten an. Das heißt, wenn die Muskulatur eine hohe Spannung aufweist, hat sie einen Grund dafür. Wenn zum Beispiel das Beckengelenk (ISG) eine Fehlfunktion hat oder in einer Rückwärtsrotation blockiert ist, entsteht dadurch ein »kürzeres Bein« (es ist dann nicht wirklich zu kurz, sondern wird nur nach oben gezogen und erscheint kürzer). Wenn das der Fall ist, ist das Kniegelenk in einer Beugehaltung und die Streckung des Knies ist nicht mehr optimal möglich. Beim Joggen, Gehen und Treppensteigen wird eine gute Streckung im Knie benötigt, wenn diese jedoch aufgrund der Fehlstellung vom Becken nicht möglich ist, entsteht eine Überbelastung. Die Muskulatur ist dann selbstverständlich auch in erhöhter Spannung, dies geschieht jedoch als Folge und nicht als Ursache.

Meniskusschäden

Meniskusschäden entstehen in den allermeisten Fällen traumatisch, das heißt durch einen Unfall, zum Beispiel indem man sich das Knie verdreht.

Sie können in einzelnen Fällen jedoch auch abseits eines direkten Traumas infolge von Bandschäden, wie zum Beispiel nach einer Verletzung des vorderen Kreuzbandes, entstehen. Dadurch ist die physiologische Bewegung des Knies eingeschränkt, weshalb die Menisken falsch belastet werden. Häufig ist ein Schaden des Innenmeniskus die Folge von Trauma und Fehlbelastung. Man unterscheidet ganz grob Längs-, Quer und Korbhenkelrisse. Es kann auch zu einem kompletten Abriss des Meniskus kommen, wobei der abgerissene Teil dann frei im Gelenk liegt.

Ob eine OP indiziert ist, hängt vom Beschwerdebild ab. Die Diagnose durch diverse Tests ist oftmals nicht einfach und unbefriedigend. Ein MRT oder ein CT bringt einen sicheren Befund.

Die Beugung als auch die Streckung des Kniegelenks kann blockiert und schmerzhaft sein. Ferner kann es zu einem »springenden« Gefühl am Ende der Streckung kommen, dies deutet auf einen Korbhenkelriss hin.

Therapeutisch sehe ich, dass wenn die für das Kniegelenk »normale«, sprich physiologische Beweglichkeit wiederhergestellt wird, kleine Risse nach 300-500 Tagen ausheilen können. Wichtig ist jedoch, dass vor allem Rotationen unter Belastung vermieden werden, um den Meniskus nicht weiter zu schädigen.

Wie eingangs erwähnt, gilt es vor allen Dingen beim Kniegelenk, die angrenzenden Gelenke wie den Fuß und das Becken in guter Funktion zu wissen, beziehungsweise diese auf jeden Fall mit zu behandeln und nicht nur Lokaltherapie am Knie zu betreiben. Dies gilt auch, wenn der Meniskusschaden so groß ist, dass eine OP erforderlich und dem Rehaplan des Operateurs zu folgen ist.

Kniearthrose

Bei der Kniearthrose verhält es sich wie bei der Hüftarthrose (siehe Seite 16). Schonendes Bewegen ohne Belastung, wie zum Beispiel auf dem Fahrrad-Ergometer sind sehr sinnvoll.
Schmerzen beim Gehen sollten respektiert werden, um die Beschwerden nicht weiter zu verstärken.

Therapeutisch gesehen ist es hier wichtig, vorhandene Fehlbelastungen zu beheben, indem die angrenzenden Gelenke in ihrer Funktion optimiert werden. Das Ausmaß des Strukturschadens bestimmt auch hier die Erfolgschancen einer konservativen Therapie.

Der schmerzhafte Fuß und Erkrankungen des Fußes

Der Fuß ist ein Wunderwerk aus Stabilität und Mobilität und der erste Kontaktpunkt des Menschen mit dem Boden. Aus diesem Grund ist er in einer ganzheitlichen Therapie von ganz großer Bedeutung.

Nicht selten ist ein falsches Bewegungsmuster, wie es zum Beispiel nach einem Umknicktrauma auftritt, die Ursache für Beschwerden in den darüberliegenden Gelenken. Da der Fuß ganz unten in der Kette ist, kann er somit alle anderen Gelenke in ihrer normalen Beweglichkeit stören, was dann zu all den Veränderungen führen kann, die in den vorangehenden Seiten besprochen wurden und noch vieles mehr.

Störungen in der Fußmechanik haben nicht nur auf den Bewegungsapparat negative Auswirkungen, sondern führen auch nicht selten zu Kopfschmerzen oder Schwindel.

Wenn Sie also an Kopfschmerzen oder an unklarem Schwindel leiden, der ärztlich ohne Befund ist, lassen Sie mal Ihren Fuß sorgfältig auf seine Funktion prüfen und behandeln. Hier, im Bereich der Funktionsuntersuchung und Behandlung, ist Ihr Therapeut Spezialist.

Umknicktrauma, Bänderriss und -dehnung

Es gibt kaum einen Menschen, der noch nie mit dem Fuß umge-
knickt ist. Nicht immer passiert so etwas Schlimmes, so dass es zu
Bandrissen oder gar Brüchen kommt. Häufig knicken Menschen kurz
um, humpeln ein, zwei Tage und dann ist es auch schon fast wieder
gut.

Sie vergessen das Umknicken in banalen Fällen schnell, ihr Körper
hingegen nicht. Wie zuvor erwähnt, kann der menschliche Körper
Störungen im Fuß auf Dauer nicht ausgleichen. Gipsen Sie sich mal
zum Spaß einen Fuß ein oder bandagieren Sie ihn so, dass er sich
nicht mehr bewegt. Wenn Sie das machen, werden Sie nach ziemlich
kurzer Zeit merken, dass Sie diese Bewegungseinschränkung überall
spüren werden, vielleicht wird Ihnen sogar schwindelig.

Ein Umknicktrauma, selbst wenn es zu einer Zerreißung eines Ban-
des kommt, wird heute nicht mehr sofort operiert, sofern keine Kno-
chenabrisse oder eine Fraktur vorliegt.

Der Fuß sollte auf jeden Fall nach einem Umknicktrauma mit der
P.E.C.H.-Methode behandelt werden:

Pause.Eis.Compression.Hochlagern.

Schonen Sie Ihren Fuß und entlasten Sie ihn! Tape, Lymphdrainage
und Arnica sind gute Möglichkeiten, gegen die Schwellung und die
Entzündung vorzugehen.

Im Weiteren sollte wie bei allen anderen Störungen des Bewegungs-
apparates, die nach oben beteiligten Gelenke mitbehandelt werden
und zwar bis zur oberen Halswirbelsäule, um, wie zuvor erwähnt,
Ihren Körper vor Folgebeschwerden zu schützen.

Einlagenversorgung, Aufbissschienen und deren Einfluss auf die Statik des menschlichen Körpers

Eine Einlagenversorgung, die das Fußgewölbe stützt, ist, wenn sie gut gemacht ist, oftmals eine gute Unterstützung. Ein guter Orthopädie-Schuhmacher fertigt keine »unnötigen« Einlagen an. Er weiß um die Wichtigkeit, die ein gut funktionierender Fuß hat und zwängt ihn nicht ohne Grund in eine Schale. Sprechen Sie Ihren Einlagen-Spezialisten offen darauf an und seien Sie kritisch!

Der Schuhorthopäde sollte auf jeden Fall das gesamte Bild, das heißt, den Menschen in seiner Gesamtheit betrachten. Schuheinlagen haben ähnlich wie Aufbissschienen, hierzu gleich mehr, einen direkten und unmittelbaren Einfluss auf die Körperstatik.

Absatzerhöhungen, die bei einem Fersensporn aus einem weichen Gelkissen, teils mit einem Loch für den Sporn, verordnet werden, sind bei einem Fersensporn eine gute Entlastung. Es sollte jedoch auf beiden Seiten, auch auf der »gesunden« Seite, ein entsprechender Keil verwendet werden, um wieder eine Balance zu schaffen.

Absatzerhöhungen, die aufgrund eines »kürzeren Beines« angefertigt werden, sind wenig hilfreich, gar kontraproduktiv. Wenn überhaupt eine Erhöhung aufgrund eines kurzen Beines, was auch wirklich zu kurz ist, angefertigt wird, sollte diese Erhöhung unter der gesamten Sohle sein und nicht nur unter der Ferse!
Ein zu kurzes Bein kann viele Ursachen haben. Die häufigste ist ein Beckenschiefstand! Durch eine Blockierung einer Beckenschaufel nach hinten wird das Bein nach vorne oben gezogen und wirkt dadurch kürzer. Das ist es aber nicht, da das Becken, beziehungsweise der Schiefstand die Ursache ist. Diese »funktionelle Beinverkürzung« lässt sich schnell durch eine Beckenkorrektur und den Kompensa-

tionsmechanismen in der Wirbelsäule beheben. Eine Schuherhöhung bei einer funktionellen Beinverkürzung ist kontraproduktiv, da so die Fehlstellung nur untermauert wird!

Bei einer echten Beinverkürzung ist es hingegen, wenn der Körper es nicht gut kompensieren kann, notwendig, eine exakte Erhöhung anfertigen zu lassen.

Aufbissschienen haben wie bereits erwähnt, einen großen Einfluss auf die Statik des Menschen. Wir sehen oft, dass Patienten die vor allem nachts mit den Zähnen knirschen und pressen, immer wiederkehrende Beschwerden in der Wirbelsäule und im Becken haben. Wenn es immer wieder zu Beckenschiefständen kommt, kann durchaus das Kiefergelenk die Ursache dafür sein. Wenn dies der Fall ist, kommt man nicht umhin, dass Ihr Therapeut mit einem Kieferorthopäden zusammenarbeitet, der offen für eine ganzheitliche Sichtweise ist.

Nicht nur das Becken kann unter einem Fehlbiss leiden. Ein falscher Aufbiss kann zudem zu chronischen Kopfschmerzen oder auch zu Schwindel führen.

»Wachstumsschmerzen« und Unruhe bei Kindern

Tut wachsen, groß werden, weh? Wenn dem so wäre, müssten alle Menschen eine grausame Kindheit hinter sich gehabt und sich gewünscht haben, niemals groß zu werden.

Wir erleben in unseren Praxen immer wieder, dass Kinder mit Bein- und/oder Knieschmerzen kommen und die Diagnose Wachstumsschmerzen erhalten haben.

Was wir bei ALLEN diesen Kindern finden, wenn wir denn auch wirklich hinschauen, was das Kind wirklich beeinträchtigt, ist, dass diese eine Fehlfunktion vom Becken oder in der unteren Lendenwirbelsäule haben. Kinder klagen »leider« ganz selten unter Rückenschmerzen, sondern eher über Symptome, die dadurch ausgelöst werden. Würden sie über Rückenschmerzen klagen, würde man auch eher dort suchen.

Eine Fehlstellung vom Becken entsteht bei Kindern oft durch einen Sturz auf den Po. Jeder kennt das, die Kinder rutschen zum Beispiel die Rutsche runter und vergessen unten die Füße aufzustellen oder fallen beim Toben mit den Freunden oder beim Rollschuhfahren hin. Jedes Kind fällt mal auf den Po und das heißt nicht, dass immer etwas dabei passiert, jedoch passiert etwas häufiger, als man denkt.
Da Kinder das sehr gut ausgleichen können, geht es ihnen schnell besser und Eltern und Kind vergessen den Sturz.

Der Körper vergisst den Sturz jedoch nicht und kompensiert diesen so gut und so lange er kann. Schmerzen in den Beinen treten bei diesen Kindern häufig nachts auf, wenn sie im Bett liegen und schlafen möchten.
Diese Schmerzen werden auch selten punktuell vom Kind angezeigt, sondern sie sind eher global in den Beinen wahrnehmbar.

Man sollte sich fragen, warum die Knie oder die Beine generell weh tun, wenn sie in Ruhe und nicht belastet sind.

Dies deutet auf einen sogenannten vegetativen Schmerz hin. Ein Schmerz, der durch das vegetative Nervensystem, das wir nicht beeinflussen können, ausgelöst wird. Durch die Fehlstellung kann es zu Irritationen des Nervensystems kommen und in dessen Folge zu den teils undefinierbaren Schmerzen in den Beinen. Da dies nicht sichtbar ist und Kinder wachsen, wird es oft als ein Wachstumsschmerz abgetan.

Das Wachsen der Knochen ist dann der Tropfen, der das Fass zum Überlaufen bringt. Der kindliche Körper ist bereits durch die Fehlstellungen am Ausgleichen und Kompensieren und bekommt jetzt noch etwas mehr zu tun, nämlich zu wachsen. Dies kann dann teilweise zu viel sein für das Kind und es kommt zu Schmerzen. Dies ist ein Signal des Körpers, das sagt: «Schau mal hin, da stimmt was nicht bei dir.»

Eine Korrektur der Fehlstatik ist hier oftmals des Rätsels Lösung und schafft den Kindern Entlastung.

Fehlstellungen durch einen Sturz auf den Po können bei Kindern nicht nur Wachstumsschmerzen auslösen, sondern durch ihre Kompensationen bis hoch in die oberen Halswirbel, auch zu Kopfweh, Schlafstörungen und Unruhe führen. Ist dies eine mögliche Ursache von ADHS?!

Der Mensch ist, wie ich bereits erwähnt habe, immer bestrebt, mit dem geringstmöglichen Energieaufwand zu funktionieren und sich mit den Augen immer nach der Horizontalen auszurichten. Dies führt dazu, dass der Körper sich bei einem Beckenschiefstand in der gesamten Wirbelsäule so ausrichtet, dass dies erreicht wird. Eine ausgleichende Fehlstellung der oberen Halswirbel, kann somit zu Irritationen des vegetativen Systems in diesen Bereichen und somit zu Symptomen wie die, die ich zuvor genannt habe, führen.

Ich möchte nicht sagen, dass dies alles zwangsläufig so sein muss oder immer auftritt. Viele Kinder haben auch Fehlstellungen und kompensieren diese in ihrem Alltag ganz prima und sind absolut beschwerdefrei. Mir geht es hier in erster Linie um: Alles kann, nichts muss. Und ebenfalls geht es mir darum, dass man, bevor man sich zu schnell mit einer Situation abfindet oder Kinder mit Schmerzmitteln oder schlimmer noch mit Ritalin versorgt, nachschaut, ob eine Lösung des Problems nicht auch ohne Nebenwirkungen und eine Belastung des Kindes zu erreichen ist. Bei Unruhen des Kindes ist es, neben einer Korrektur der Fehlstellungen, auch sehr hilfreich eine Cranio-Sacrale-Therapie oder Kinesiologie auszuprobieren, um das Kind zu unterstützen.

Der schmerzhafte Kopf und seine Symptome

Chronische Kopfschmerzen können einem den Alltag gründlich verderben. Wer davon betroffen ist, kann sicher ein Lied davon singen. Kopfschmerzen können unterschiedliche Qualität und unterschiedliche Auslöser haben. Dies kann vom Entspannungskopfschmerz am Wochenende über den Kopfschmerz bei Stress, während der Menstruation bis hin zum permanenten Druck im Kopf gehen. Vom Stirn- und Schläfenkopfschmerz über den »Kapuzenkopfschmerz«, der vom Nacken her über den gesamten Kopf zieht bis hin zur Migräne mit Aura und starker Beeinträchtigung der Augen.

Das »Spannungsfeld« von Kopfschmerzen ist im wahrsten Sinne sehr groß und ebenso sind die Ursachen unterschiedlich.

Ohne Anspruch auf Vollständigkeit möchte ich gerne die Erfahrungen, die wir in unseren Praxen mit Kopfschmerzen machen, teilen.

Eine von vielen möglichen Ursachen ist eine Störung der oberen Halswirbel, das heißt des ersten und des zweiten (C1 und C2). Diese haben einen großen Einfluss auf die Durchblutung des Kopfes und des vegetativen Nervensystems. Ein typischer »C1-Kopfschmerz« zieht oftmals über den Kopf bis zur linken oder rechten Augenbraue.

Ursachen für eine Fehlfunktion dieser Wirbel kann zum Beispiel eine Beckenfehlstellung sein, Zahn- oder Kieferfehlstellungen, ein gegebenenfalls lange zurückliegendes Umknicktrauma des Fußes oder ein sonstiges Trauma, das beispielsweise durch einen Autounfall oder ähnliche Unfälle herbeigeführt werden kann.
Gerade der Fuß ist nicht selten der Schlüssel zum Erfolg. Wenn Sie sich jetzt fragen: »Wie kann das denn sein, der Fuß liegt ja am weitesten von meinem Kopf entfernt?« Ich möchte auf diese Frage gerne eingehen, denn es ist wichtig den Zusammenhang zu erkennen.

Der Fuß ist der erste Kontaktpunkt des Menschen mit dem Boden. Die Bewegungsmöglichkeiten des Fußes gehen über das offensichtliche Hoch und Runter hinaus. Er ist ein Wunderwerk aus Mobilität und Stabilität und hat neben den erwähnten Bewegungsrichtungen noch einige mehr. Ich möchte hier nicht zu sehr auf die komplexe Biomechanik des Fußes eingehen, wobei ich die Rotationskomponenten und ihren Einfluss auf den Kopf gerne kurz erklären möchte.

Im Körper gibt es Gelenke, die, neben anderen Bewegungsrichtungen, eine große Rotationsfähigkeit haben. Diese sind vor allen anderen der erste Halswirbel C1, das Beckengelenk ISG, welches nach vorne und hinten rotieren kann, die Hüfte, die in der Beckenschaufel ihre Gelenkspfanne hat und zu guter Letzt der Fuß in seinem oberen und unteren Sprunggelenk.
Stellen Sie sich nun vor, Sie stehen in der Stadt und Sie werden von hinten gerufen. Ihr Impuls ist nun, sich umzudrehen, um sehen zu können, wer Ihren Namen ruft – sofern Sie nicht grade denken: »Oh nein, nicht der schon wieder ...!« In diesem Fall gehen Sie schnell weiter.
Sie beginnen Ihren Kopf beispielsweise nach rechts zu drehen. Diese Drehbewegung ist irgendwann am Ende und Sie drehen sich Wirbel für Wirbel weiter, bis die Drehbewegung in Ihrem Becken und Ihrer Hüfte ankommt. Das gestreckte Bein auf dem Sie stehen, in diesem Beispiel Ihr rechtes, dreht nun auch nach außen, bis die Drehung im rechten Fuß ankommt. Damit Sie nun sehen können, wer Sie ruft, muss Ihr Fuß ebenfalls rotieren können. Wenn das alles gut und reibungslos läuft, ist alles bestens.
Sollten Sie hingegen bei der Rotation eine Einschränkung in Ihrem Fuß haben, fehlt in dem gesamten »Umdrehbild« eine wichtige Station und die anderen Gelenke oberhalb des Fußes müssen mehr rotieren, um dies auszugleichen.
Eine Folge davon kann sein, dass Sie Hüft- oder Rückenschmerzen bekommen oder eben Kopfschmerzen oder gar Schwindel.

Aus diesem Grund ist es sehr wichtig, gerade wenn Sie unter chronischen Kopfschmerzen leiden und bis jetzt noch keinen Ansatz gefunden haben, mal weiter weg vom Schmerz zu suchen und den Fuß auf seine Funktion prüfen und behandeln zu lassen. Ebenso sollte mit dem Becken und der Hüfte die gesamte »Rotationskette« miteinbezogen werden.

Da allerdings nicht jeder Kopfschmerz und jede Migräne ihre Ursache in einer Funktionsstörung hat, ist auch hier Ehrlichkeit des Therapeuten und ein kritisches Hinterfragen Ihrerseits wichtig.
Sollten alle Funktionsbereiche Ihrer Wirbelsäule, Ihres Beckens und Ihrer Füße miteinbezogen worden sein und es verändert sich trotz des gut gemeinten Ansatzes nach drei bis vier Behandlungen nichts, dann wird das nicht der richtige Ansatz sein und es sollte anderweitig geschaut werden!
Schauen Sie hierzu bitte auch mal in folgendem Abschnitt nach: "Einlagenversorgung, Aufbissschienen und deren Einfluss auf die Statik des menschlichen Körpers".

Mit Kopfschmerzen sind aus meiner Erfahrung zudem auch folgende Therapieformen einen Ansatz wert:

- Cranio-Sacral-Therapie
- Kinesiologie
- Traditionelle chinesische Medizin

Fragen Sie Ihren Therapeuten nach seinen Erfahrungen und nach seinem Netzwerk. Nur weil er Ihnen nicht helfen kann, heißt es nicht, dass es keinen Lösungsansatz gibt.

Schwindel

Schwindel kann ebenso wie Kopfschmerzen dieselben Auslöser haben. Schauen Sie dazu bitte in den vorangehenden Abschnitten: "Kopfschmerzen" und "Einlagenversorgung, Aufbissschienen und deren Einfluss auf die Statik des menschlichen Körpers".

Bei Lagerungsschwindel, das heißt, wenn Sie Schwindel haben, wenn Sie Ihre Position im Bett verändern, kann das auch von den oberen Halswirbeln herrühren. Dies sollte aber zunächst ärztlich abgeklärt werden, denn die Ursache hierfür kann zum Bespiel auch von den Ohren kommen.

Eigenverantwortung

Therapeuten sind keine Heiler. Sie sind auch nicht dazu da, Wunder zu vollbringen und die Verantwortung für das Leben ihrer Patienten zu übernehmen. Vielmehr sind sie Wegbereiter- und begleiter, Motivatoren, die ihre Patienten unterstützen, ihren Weg in ihrem Leben möglichst wieder ohne Therapeut und externe Hilfen leben zu können.

Somit ist dieser Abschnitt nicht nur an Sie gerichtet, die Verantwortung für sich und Ihre Gesundheit wieder selbst zu übernehmen, sondern auch, wie bereits zu Beginn des Buches erwähnt, ein Aufruf an alle Therapeuten und auch an die Ärzte, ethische Werte, Empathie und Sie, den Menschen, um den es geht, in den Mittelpunkt zu stellen und nicht länger als nötig in der Therapie zu »fesseln«.

Das Leben ist wundervoll. Es bleibt weder stehen noch verweilt es im Gestern. Es geht voran, von Tag zu Tag, ob man es möchte oder nicht. Was machen Sie daraus? Es ist Ihre Entscheidung!

Die Entscheidung zu tragen, »gesund zu sein« klingt vielleicht bei erster Betrachtung etwas plakativ oder gar provokativ, nur fragen Sie sich bitte mal selbst, vor allem sollten Sie chronisch krank sein, wozu haben Sie sich entschieden? Für Gesundheit oder Krankheit? Worauf richten Sie Ihren Fokus? Beantworten Sie diese Frage bitte nicht allzu leichtfertig, sie ist nicht böse oder anklagend gemeint. Sie ist von großer Bedeutung für Ihren Genesungsverlauf!

Wenn Gesundheit Wirklichkeit werden soll, das heißt, sie sich materialisieren soll und wenn wir bedenken, dass Energie dorthin fließt, worauf wir unseren mentalen Fokus legen, kann man durchaus vom »Materialisieren« der Gesundheit sprechen.

Energie ist physikalisch gesehen »Teilchen in Bewegung«. Allerdings ist dieser Vorgang, nicht mit dem bloßen Auge sichtbar und im Gegenteil zu Materie auch nicht greifbar. Materie ist physikalisch gesehen eine Verdichtung von Energie. Materie ist greifbar. Wenn wir also unsere Gesundheit zur Wirklichkeit werden lassen wollen, das heißt, dass sie spür- und greifbar wird, ist es von entscheidender Bedeutung, dass wir unseren Fokus, unsere mentale Energie bündeln und nicht von dem Ziel der Gesundheit abweichen! Was hingegen oft passiert, ist, dass wir frustriert sind, wenn sich der Erfolg, in diesem Fall die Gesundheit, nicht sofort einstellt, obwohl wir uns doch darauf konzentrieren. Energie–Fokus, dieses Zusammenspiel muss beständig fließen, um sich zu verdichten und Wirklichkeit werden zu können.

Der Therapeut kann Sie nur unterstützen, Ihren eingeschlagenen Weg zur Gesundheit zu begehen. Sind Sie bereit, aktiv dazu beizutragen? Ja? Großartig!

Ein aktiver Beitrag bedeutet nicht, dass Sie fünfmal in der Woche ins Fitnessstudio rennen müssen, um sich an Geräten auszutoben. Vielmehr geht es primär um die mentale Einstellung, die Sie zu Ihrer Gesundheit pflegen und sich entsprechend Ihrer derzeitigen körperlichen Möglichkeiten bewegen. Leben ist Bewegung und schlichtes Spazierengehen ist bereits mehr als ein guter Anfang. Jede Diagnose führt im Anschluss an die Behandlung individuell zu bestimmten Empfehlungen, die Sie aktiv in Angriff nehmen sollten. Dies sind auch nur Empfehlungen Ihres Therapeuten. Die Empfehlungen aktiv umzusetzen, dies ist Ihre Aufgabe! Hier wird der Ball zu Ihnen gespielt und Sie müssen mit ihm nun Ihr Tor, Ihr Ziel – Ihre Gesundheit – anvisieren und loslaufen.

Nach jeder Therapie ist es wichtig, spazieren zu gehen, damit Sie das, was Ihr Therapeut behandelt hat, gleich aktiv in Ihren Alltag integrieren lernen. Gehen ist die wichtigste Funktion und das wichtigste Training. Sie bewegen Ihren Körper beim Gehen so, wie er es kann und braucht und er wird so nicht in ein Muster gedrängt, in das er nicht hineinpasst.

Nehmen Sie Ihre Gesundheit aktiv selbst in die Hand, sobald es Ihnen möglich ist. Ihr Therapeut wird Sie dabei unterstützen!

Zum guten Schluss

Ich hoffe, Sie haben in diesem Buch Ihre Beschwerden und Diagnosen betreffend Unterstützung gefunden und gegebenenfalls auch Mut gefasst, diese anzugehen und sich nicht durch den Diagnosenwald verunsichern zu lassen. Es wird selten alles so heiß gegessen, wie es gekocht wird und wenn Sie objektiv, motiviert und kritisch Ihre Beschwerden angehen, öffnen sich oftmals doch noch Türen, wo vorher nur Wände waren.

Die Herangehensweise an die unterschiedlichen Beschwerden in diesem Buch entstammen der FOI®, meiner jahrelangen Erfahrung mit dieser Therapieform und den komplexen Beschwerdebildern meiner Patienten, beziehungsweise der Patienten aus unseren Fachpraxen für Wirbelsäulen- und Gelenktherapie.

Sollten Sie hier nicht das gefunden haben, was Sie bedrückt oder noch gezielte Fragen haben, stehe ich Ihnen gerne per Mail zur Verfügung: mail@foi-praxis.com

Weitere Informationen zu unserer Praxis erhalten Sie unter: www.foi-praxis.com

Auf der Seite des Ausbildungsinstitutes finden Sie FOI®-Therapeuten in Ihrer Nähe: www.funktionelle-integration.de

Alles erdenklich Gute und ein gesundes Leben!

Ihr Niels Fischer Demuth

Literaturverzeichnis

»Nocebo – Wer's glaubt wird krank: Wie man trotz Gentests, Beipackzetteln und Röntgenbildern gesund bleibt«
In deutscher Sprache
133 Seiten
S. Hirzel Verlag, Stuttgart; 2012

Danksagung

Einmal von ganzem Herzen Danke sagen.

Das Buch ist aus vielen Impulsen und Erfahrungen heraus entstanden. Das bedeutet für mich, danke zu sagen und dankbar zu sein. Dankbar für all die Erfahrungen, die ich in den letzten Jahren in meiner Praxis und generell in meiner therapeutischen Tätigkeit machen durfte. Diese Erfahrungen waren nicht immer von Erfolg gekrönt und dies aus den unterschiedlichsten Gründen. Teils war dies schlichtweg der Erfahrung, vor allem bei den chronischen Fällen geschuldet, teils der oftmals starken strukturellen Störungen der Patienten, die sich Hoffnung und Erleichterung versprachen und letztendlich auch dem Eingestehen der therapeutischen Möglichkeiten und auch der Grenzen, die wir Therapeuten haben und generell die Medizin hat. Das Eingestehen ist ein wichtiger Punkt, auch beim Dankesagen. Denn durch die Frustrationen, die auftreten, wenn ein motivierter Therapeut immer nach neuen Möglichkeiten sucht, entstehen auch neue Optionen, neue Wege und auch der Einsicht, dass manches einfach nicht machbar ist.

Aus diesem Grund gilt mein grosses von Herzen kommendes DANKE all meinen Patientinnen und Patienten und dies ohne Ausnahme! Durch Euch, Sie, durfte ich meine Erfahrungen machen und wachsen, dank Euch, Ihnen ist dieses Buch entstanden. Danke!

Ferner möchte ich meiner lieben Frau Natalie und meinen Kindern Liv und Ben von Herzen danken. Ihr seid meine Basis und ihr habt mich all die Jahre so toll unterstützt, meinen Weg zu gehen, so dass ihr auch einen ganz großen Teil dazu beitragt. Danke!

Danke meinen lieben Freunden, Kollegen und Wegbegleitern unserer Praxen. Mit und durch euch darf ich das alles leben und gemeinsam werden wir im Gesundheitssystem einen neuen Stein legen. Danke, dass ihr alle meine Leidenschaft hierfür teilt und auch euren Spirit immer und immer wieder neu ausrichtet und alles dafür gebt, dass der Mensch in den Mittelpunkt gerät. Danke!

Danke auch meinen lieben Freunden und Kollegen vom Ausbildungsinstitut für Funktionelle Orthonomie und Integration FOI. Durch und mit euch durfte ich über all die Jahre lernen, meine Grenzen zu erweitern und auch anerkennen zu dürfen. Dank euch allen!

Zeitfracht Medien GmbH
Ferdinand-Jühlke-Straße 7
99095 Erfurt, Deutschland
produktsicherheit@kolibri360.de